Doppel-Klick 10

Differenzierende Ausgabe

Das Arbeitsheft

Erarbeitet von
Grit Adam, Kathleen Breitkopf, Ulrich Deters, Dirk Hergesell,
Gesine Jordan, Rainer Schremb, Britta Wurst

Unter Beratung von
Andrea Hüttig
und August-Bernhard Jacobs

Inhaltsverzeichnis

Arbeitstechniken findest du in den Klappen und auf der vorderen Umschlagseite.

[Z] Hier findest du zusätzliche Aufgaben zum Weiterarbeiten.

Sachtexte erschließen und schreiben

Sachtexten Informationen entnehmen

1 Lies den Arbeitsauftrag mithilfe der Arbeitstechnik „Prüfungsaufgaben verstehen".

Arbeitstechnik „Prüfungsaufgaben verstehen" ➤ S. 20–23

Dein Arbeitsauftrag

Untersuche die drei Materialien **M 1** bis **M 3** auf den Seiten 4 bis 6.
Bearbeite dabei folgende Teilaufgaben:

a) Nenne in der Einleitung Titel, Autor, Textsorte und die Zielgruppe.

b) Erläutere im Hauptteil, welche Bedeutung die Erforschung des Wostoksees für die Wissenschaft hat.

c) Beschreibe die unterschiedlichen Intentionen der drei Materialien. Belege die Intentionen mit Zitaten.

d) Wäge im Schlussteil Argumente für und gegen das Anbohren des Wostoksees ab und begründe deine persönliche Meinung dazu.

Für die Bearbeitung deiner Aufgaben stehen dir in Prüfungen oft verschiedene Materialien zur Verfügung.

2 Lies die Materialien mithilfe des Textknackers.

➤ Die Arbeitstechnik „Der Textknacker" findest du in der vorderen Klappe.

Material 1 (M 1)

Russen bohren Riesensee unter dem ewigen Eis an
– Christoph Seidler

Russische Forscher haben nach jahrelanger Arbeit offenbar den Wostoksee unter dem Eispanzer der Antarktis angebohrt. Das gigantische Wasserreservoir hatte vermutlich seit Hunderttausenden Jahren keinen Kontakt zur Außenwelt – und könnte bizarre Lebensformen beherbergen.

5 Die Party findet wohl auf der „Akademik Fjodorow" statt. Das russische Forschungsschiff liegt derzeit vor der Küste der Antarktis; es soll ein Forscherteam an Bord nehmen, das womöglich Geschichte geschrieben hat. Offenbar ist es Wissenschaftlern der 57. russischen Antarktis-Expedition jetzt gelungen, einen riesigen subglazialen[1] See anzubohren. Und weil das Thermometer an

10 der russischen Antarktis-Station „Wostok" dieser Tage zwischen minus 38 und minus 46 Grad schwankt, sich dazu die Polarnacht unerbittlich nähert, hat sich der größte Teil des Trupps anschließend sofort auf die Heimreise gemacht. Der Wostoksee liegt fast vier Kilometer unter dem Eispanzer der Ostantarktis. Der Druck des Eises und die Erdwärme halten das gigantische Süßwasser-

15 reservoir flüssig. Jahrelang hatten sich die Russen mit der Bohrung an einem der ungemütlichsten Plätze des Planeten geplagt. Die Nachrichtenagentur RIA Novosti führt nun einen namentlich nicht genannten Mitarbeiter aus dem Dienst für Hydrometeorologie und Umweltmonitoring (Rosgidromet) als Quelle für die Erfolgsmeldung an. Das Bohrloch ist demnach 3 768 Meter tief. [...]

Gibt es Leben tief unter der Antarktis?

20 Wostok war der erste See, der unter dem Eispanzer der Antarktis aufgespürt wurde. Radarmessungen in den Jahren 1959 und 1964 hatten den Forscher Andrej Kapitsa auf die Spur des 250 Kilometer langen und 50 Kilometer breiten

Das Forschungsschiff Akademik Fjodorow

---

1 subglazial: unter dem Eis

Gewässers gebracht. Der See könnte faszinierende Geheimnisse beherbergen –
schließlich hatte sein Wasser seit Hunderttausenden, wahrscheinlich sogar
25 Millionen von Jahren keinen Kontakt nach oben. Deswegen sind Forscher
besonders interessiert an Mikroorganismen, die sich in der frostigen,
stickstoff- und sauerstoffreichen Umgebung behauptet haben könnten – bei
immensem Druck und minimalem Nährstoffangebot.
Ob sich die gesuchten Seebewohner tatsächlich in den obersten Schichten
30 der Wassersäule finden und nicht doch eher tief unten im Sediment, steht
auf einem anderen Blatt. Klar ist: Die Konsequenzen einer Entdeckung wären
weit reichend, nicht zuletzt für Astrobiologen: Wenn es in der antarktischen
Tiefe Leben gibt, warum dann nicht auch unter dem Eispanzer des Saturn-
monds Enceladus oder des Jupitermonds Europa?
35 Doch gleichzeitig war die Bohrung auch genau deswegen umstritten. Hatten
die Russen tatsächlich alles ihnen Mögliche getan, um eine Verunreinigung
des Sees durch Mikroorganismen und Chemikalien von außen zu verhindern?
Schon die kleinste Kontamination[2] würde die Messungen unbrauchbar machen.
Wissenschaftler und Umweltschützer äußerten sich deswegen kritisch. [...]
40 Wegen der internationalen Kritik war eine erste Bohrung am Wostoksee im Jahr
1998 gestoppt worden – in 3 623 Metern Tiefe. Das Bohrloch wurde damals mit
Tonnen von Kerosin und Kühlmitteln vor dem Zufrieren geschützt. Und die
wären beim Anbohren möglicherweise ins Wasser geströmt.
Im Jahr 2005 wurde deswegen mit etwas geänderten Plänen weitergebohrt: Die
45 Russen ersetzten zumindest im unteren Teil des Bohrlochs das Kerosin durch
steriles[3] Silikonöl. Außerdem versprachen sie, den See zunächst nur so weit
anzubohren, dass Wasser aus seinem Inneren im Bohrloch aufsteigt und dort
festfriert. Die so entstehenden Eiskerne sollen nach Angaben von RIA Novosti
nun im kommenden Südsommer geborgen werden. Kurzfristige Schlagzeilen zu
50 wundersamen Seebewohnern sind also eher nicht zu erwarten. [...]

2 die Kontamination: die Verunreinigung
3 steril: frei von jeglichen Mikroorganismen

Material 2 (M 2)
Die Lage des Wostoksees in der Antarktis

Schatztruhe der Evolution
Bohrprojekt am Wostoksee

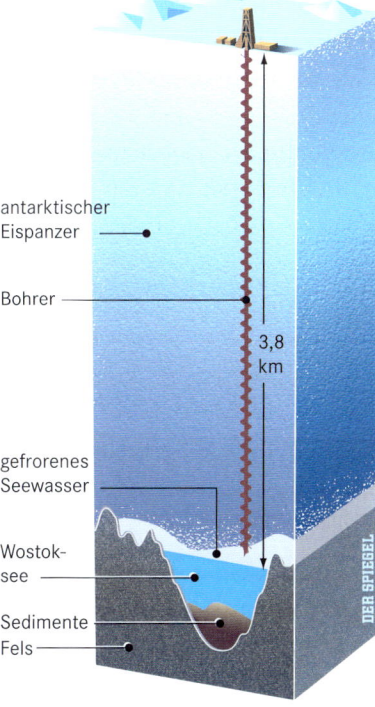

➤ Die Arbeitstechnik „Eine Grafik lesen" findest du vorne auf der inneren Umschlagseite.

Material 3 (M 3)

Wostoksee in der Antarktis verheißt einmalige Entdeckungen – aus „Stimme Russlands"

Schon die ganze Welt scheint davon gehört zu haben, dass russische Wissenschaftler einem Untergletschersee in der Antarktis die ersten Wasserproben entnommen haben. Gegenwärtig bringen Wissenschaftler des Instituts für Arktis und Antarktis diese Proben an Bord des Forschungsschiffes „Akademik
5 Fjodorow" nach Sankt Petersburg. Sie sollen dort Mitte Mai eintreffen.
Die Forscher der Länder der antarktischen Gemeinschaft halten den Wostoksee seit langem für ein einmaliges Objekt. Etwas Ähnliches gibt es sonst nirgendwo auf der Erde. Erstmalig haben russische Wissenschaftler von diesem einmaligen Objekt im Jahre 1994 auf einer internationalen Konferenz in Rom berichtet. Sie
10 haben festgestellt, dass sich unter der russischen Forschungsstation „Wostok" in einer Tiefe von mehr als vier Kilometern ein riesiger Untergletschersee befindet.
[...]
Bis heute ist bereits ein bedeutender Umfang an paläontologischen[1] und mikrobiologischen Forschungen bewältigt worden. Zu einer Sensation sind
15 die in den Eiskernen entdeckten thermophilen[2] Bakterien geworden, die sonst lediglich in Geysiren vorkommen.
Näheres über den Verlauf der einmaligen Arbeiten über dem Wostoksee berichtete der „Stimme Russlands" Valerij Martystschenko, Leiter der Verwaltung Polar- und Seearbeiten von „Roshydromet" (Föderaler Dienst der Russischen
20 Föderation für Hydrometeorologie und Umweltmonitoring):
„Die Tiefe, in der bereits die Wasseroberfläche vermutet wurde, wurde als 3 760 Meter bezeichnet. Gegen Ende des Jahres 1998 waren den Bohrarbeitern insgesamt rund 100 Meter bis zu dieser Wasseroberfläche geblieben. Da forderte die wissenschaftliche Weltöffentlichkeit Garantien dafür, dass das Vordringen
25 zum See zu keiner Verunreinigung desselben führen werde. In Russland nahm man dieses Problem ernst und entwickelte spezielle Methoden sowie einmalige technische Mittel. Darüber wurde in einer Beratung der Vertreter von Ländern berichtet, die den Vertrag über die Antarktis unterzeichnet haben. Und erst nach der allgemeinen Billigung wurden die Bohrarbeiten fortgesetzt. Dabei wurden
30 Technologien verwendet, über die heutzutage kein weiteres Land verfügt. Die technischen Mittel und die Methoden sind mit Arbeiten im Weltraum vergleichbar." [...]
Die Arbeiten am Wostoksee werden fortgesetzt, sobald man in der Antarktis wird bohren können, d. h. im Sommer. Er dauert dort nur zwei Monate,
35 Dezember und Januar.

Die russische Forschungsstation
Wostok in der Antarktis

---

1 die Paläontologie: die Wissenschaft von den Lebewesen vergangener Erdzeitalter
2 die thermophilen Bakterien: Bakterien, die eigentlich hohe Temperaturen (45–80 °C) bevorzugen

3 Fasse den Inhalt der drei Materialien **M 1** bis **M 3** jeweils kurz zusammen.

M 1: *Russische Forscher haben in der Antarktis in großer Tiefe unter dem Eis den Wostoksee angebohrt.* .

M 2: _____

_____

M 3: _____

_____

Sachtexte mit Fragen erschließen

1 Beantworte die folgenden Fragen zu den Materialien **M 1** bis **M 2**.
Notiere zu jeder Antwort in Klammern das Material und die Zeilenangabe.

a) Wer oder was ist die „Akademik Fjodorow"?

_____

_____

b) Weshalb fand auf der „Akademik Fjodorow" vermutlich eine Party statt?

_____

_____

c) Welche Fläche umfasst der Wostoksee?

_____

_____

d) Wie verhält sich die Fläche des Wostoksees zur Fläche des Bodensees?

_____

_____

e) Unter welchen klimatischen Bedingungen fand die Bohrung statt?

_____

_____

f) Wie wurde beim Bohrstopp 1998 das Zufrieren des Bohrlochs verhindert?

_____

_____

g) Welche Gefahren sind mit den verwendeten Frostschutzmitteln verbunden?

_____

_____

2 Welche Materialien beantworten dir jeweils die folgenden Fragen? Kreuze an.
Tipp: Bei einigen Fragen sind mehrere Kreuze möglich.

	M 1	M 2	M 3
a) Wo liegt der Wostoksee genau?	☐	☐	☐
b) Was ist die Besonderheit an diesem See?	☐	☐	☐
c) Was versprechen sich die Wissenschaftler von den Bohrungen?	☐	☐	☐
d) Welche Gefahren sind mit den Bohrungen verbunden?	☐	☐	☐
e) Wie gingen die Forscher mit der Kritik an der Bohrung um?	☐	☐	☐
f) Wie sorgfältig wurde bei der Bohrung 2011/2012 verfahren?	☐	☐	☐

3 Formuliere zwei weitere eigene Fragen zur Untersuchung der Materialien.

_____

_____

_____

Arbeitstechnik: Sachtexte erschließen und schreiben

7

Intentionen erkennen

Du untersuchst, aus welchem Blickwinkel der Text geschrieben wurde und welche Wirkung der Text bei seinen Leserinnen und Lesern erzielt.

Merkwissen

Als **Intention des Textes** wird die **Absicht** bezeichnet, die man in einem Text beim Lesen entdecken kann. Oft deckt sich die Intention mit der Absicht der Autorin oder des Autors.

Folgende Fragen können dir helfen, die Intention eines Textes zu erkennen:
– Will der Text informieren?
– Will der Text zum Nachdenken anregen?
– Will der Text unterhalten?
– Nimmt der Text zu einem Thema Stellung?
– Spricht der Text die Gefühle der Leserinnen und Leser an?

1 Welche Beschreibung passt zu welcher **Intention**? Verbinde.
Tipp: Lies am Rand nach, was **legitimierend** bedeutet.

anleitende Intention	Der Text hinterfragt Zustände oder Handlungen, um ihre Mängel oder Fehler herauszustellen.
informierende Intention	Der Text rechtfertigt oder lobt Zustände oder Handlungen, um ihren Wert zu verdeutlichen.
unterhaltende Intention	Der Text beschreibt Vorgänge so genau, dass Leserinnen und Leser sie nachmachen können.
legitimierende Intention	Der Text beschreibt Sachverhalte oder Ereignisse sachlich informierend (ohne sie zu bewerten).
kritisierende Intention	Der Text erzählt wahre oder erfundene Geschichten auf eine sprachlich interessante Weise.

Info

Eine **legitimierende Intention** ist die Absicht, Meinungen oder Sachverhalte zu rechtfertigen.

2 Welche **Intentionen** erkennst du in den drei Materialien? Kreuze an.
Tipp: Bei zwei Materialien machst du mehr als nur ein Kreuz.

Materialien zum Wostoksee ➤ S. 4-6

Intentionen	M 1	M 2	M 3
informierende Absicht	☐	☐	☐
legitimierende Absicht	☐	☐	☐
kritisierende Absicht	☐	☐	☐

3 **a.** Zu welchen Materialien passen die folgenden Aussagen zur **Intention**?
Schreibe die Nummern der Materialien davor.
b. Beschreibe die **Intention** des dritten Materials in eigenen Worten.
Verwende dabei deine Ergebnisse aus Aufgabe 2. Schreibe auf die Linien.

M __ : Dieses Material hat eine legitimierende Intention, denn die Leistungen der Forscher werden in auffälliger Weise gelobt und hervorgehoben.

M __ : Die Intention ist eigentlich nur informierend. Die Metapher „Schatztruhe der Evolution" in der Überschrift hat aber eine unterhaltende Intention.

M __ : _____

_____

4 Wo gibt es in Material **M 1** eine kritisierende Intention? Zitiere die Textstelle.

_____

_____

_____

_____

5 Welche Aufgabe hat die Rundfunkgesellschaft, auf deren Internetseite das Material **M 3** erschienen ist?
Beantworte die Frage mithilfe des folgenden Textes.

Die „Stimme Russlands" ist eine staatliche Rundfunkgesellschaft, die seit 1929 Sendungen ins Ausland sendet. Das Anliegen des Rundfunksenders ist es, die Weltgemeinschaft mit dem politischen, ökonomischen, sozialen und kulturellen Leben in Russland vertraut zu machen, seinen Standpunkt zu den Weltereignissen darzulegen, effektiven Dialog mit den Landsleuten im Ausland zu unterstützen, Popularisierung der russischen Kultur und der russischen Sprache zu fördern, und zwar mit dem Ziel, das russischsprachige Kulturmilieu im nahen und fernen Ausland zu erhalten und zu entwickeln.

_____

_____

_____

_____

6 Welche Wörter lassen auf die legitimierende Intention von **M 3** schließen?
Markiere wertende und rechtfertigende Wörter in Material **M 3**.
Tipp: Achte besonders auf die Zeilen 1 bis 5 und 21 bis 34.

7 Vergleiche die Intentionen der drei Materialien. Schreibe in ganzen Sätzen.
Belege eine deiner Aussagen mit einem Zitat.
Tipp: Beziehe die Überschriften der Texte in deinen Vergleich mit ein.

_____

_____

_____

_____

_____

_____

_____

_____

Du schreibst deinen Text zu den Materialien M 1, M 2 und M 3.

8 Bearbeite den Arbeitsauftrag von Seite 4.
– Verwende dabei deine Ergebnisse von den Seiten 6 bis 9.
– Beachte für Teilaufgabe **c)** die Arbeitstechnik „Zitieren".
– Du kannst den Text auch mit dem Computer schreiben.

➤ Die Arbeitstechnik „Zitieren" findest du in der vorderen Klappe.

Einen informativen Text schreiben

Auf der Grundlage der unterschiedlichen Materialien erarbeitest du einen eigenen informativen Text über die Erforschung des Wostoksees.

1 Lies deinen Arbeitsauftrag mithilfe der Arbeitstechnik „Prüfungsaufgaben verstehen".

Arbeitstechnik „Prüfungsaufgaben verstehen" ➤ S. 20–21

Dein Arbeitsauftrag

Verfasse auf der Grundlage der Materialien **M 1** bis **M 3** einen informativen Text über die Erforschung des Wostoksees für die Schülerzeitung. Berücksichtige für deine eigenständige Darstellung folgende Teilaufgaben:

a) Formuliere eine Einleitung, in der du die Lage und die Besonderheiten des Wostoksees kurz darstellst.

b) Stelle die Beweggründe für die Erforschung des Wostoksees dar.

c) Erkläre anhand der Materialien, mit welchen technischen Mitteln der Wostoksee erforscht werden soll.

d) Stelle die Kritik an der Erforschungsmethode dar.

e) Erläutere anhand der Materialien, wie derartige Forschungen gestaltet sein müssen, um brauchbare Forschungsergebnisse zu erhalten.

f) Äußere zum Schluss deine eigene Meinung zur Erforschung des Wostoksees und begründe sie.

g) Notiere am Ende deines Textes die von dir genutzten Quellen.

Du gliederst die Informationen mithilfe deines Arbeitsauftrags.

Informationen gliedern

2 **a.** Schreibe für die Teile deines Textes über den Wostoksee Überschriften auf. Orientiere dich dabei an den Teilaufgaben deines Arbeitsauftrags.

b. Notiere zu jeder Überschrift wichtige Informationen in Stichworten.

Materialien zum Wostoksee ➤ S. 4–6

a) *Einleitung*

Wostoksee in der Antarktis, _____

_____

b) *Gründe für die Erforschung des Sees* _____

_____

_____

_____

c) _____

_____

_____

_____

d) _____

_____

_____

e) *Bedingungen für erfolgreiche Forschungen* _____

_____

_____

3 Was ist deine Meinung zur Erforschung des Wostoksees? den Schluss schreiben
Äußere deine Meinung und begründe sie in ganzen Sätzen.

f) Schluss: _____

_____

_____

_____

_____

_____

4 Wie willst du die Leserinnen und Leser mit der Überschrift neugierig machen? die Überschrift
formulieren
Schreibe eine Überschrift für deinen informativen Text auf.

Überschrift: _____

_____

5 Welche Quellen (Materialien) verwendest du für deinen informativen Text? Quellen angeben
Notiere die Überschriften und die Seitenangaben aus dem Arbeitsheft.

g) _____

_____

Du formulierst deinen Text. Dafür überlegst du dir, für wen du schreibst, und legst fest, welche Absicht du mit deinem Text verfolgst.

6 Wer ist laut Arbeitsauftrag der Adressat deines Textes? Schreibe auf.

_____

_____

7 Wie schreibst du deinen Text, um deinen Arbeitsauftrag zu erfüllen und damit er für die Zielgruppe verständlich ist? Kreuze an.

☐ Ich verwende viele Satzgefüge und Fremdwörter, um die Leser zu beeindrucken.
☐ Ich verwende nur wichtige Fremdwörter und erkläre sie, wenn nötig.
☐ Ich lasse die Grundinformationen weg, weil meine Leser den See kennen.
☐ Ich verwende möglichst einfache Sätze, damit der Text gut zu lesen ist.
☐ Ich nutze die Teilaufgaben **a)** bis **f)** aus dem Arbeitsauftrag als Überschriften, damit die Lehrkraft sieht, dass ich alle Aufgaben erfülle.
☐ Ich gliedere den Text in Absätze, damit er übersichtlich zu lesen ist.
☐ Ich setze Wiederholungen und sprachliche Bilder ein, um die Wirkung meines Textes zu steigern und die Leser zu unterhalten.
☐ Ich schreibe sachlich, weil es sich um einen informativen Text handelt.

8 Schreibe mithilfe deiner Gliederung deinen informativen Text in dein Heft.
Löse dabei alle Teilaufgaben deines Arbeitsauftrags.
– Beachte die Arbeitstechnik „Einen informativen Text schreiben".
– Schreibe in eigenen Worten und verwende keine Zitate.
– Du kannst den Text auch mit dem Computer schreiben.

➤ Die Arbeitstechnik
„Einen informativen Text
schreiben" findest du vorne
auf der inneren Umschlagseite.

Eine Argumentation schreiben

Eine Argumentation planen

Du übst, in einem Leserbrief Stellung zu beziehen und zu argumentieren.
Du schreibst deinen Leserbrief zu der folgenden Aussage aus dem Zeitungsartikel „Innere Werte zählen nicht!" vom vergangenen 22. November:
„Für Jugendliche sollte es grundsätzlich verboten sein, sich piercen
oder tätowieren zu lassen."

1 Was weißt du über das Thema? Welche Meinung hast du selbst dazu?
Notiere deine Gedanken zu dem Thema in Stichworten in deinem Heft.

2 Sammle in der Tabelle Pro- und Kontra-Argumente zum Diskussionsthema.   **Argumente sammeln**

Argumente für und gegen das Piercen und Tätowieren bei Jugendlichen	
Pro-Argumente	**Kontra-Argumente**
Jugendliche sind alt genug, um selbst zu entscheiden, ob und wie sie ihren Körper schmücken wollen.	Jugendliche können noch nicht abschätzen, ob sie den Körperschmuck dauerhaft tragen wollen.

3 Entscheide mithilfe der Argumente in der Tabelle, welchen Standpunkt du in deinem Leserbrief vertreten willst. Kreuze an.

den eigenen Standpunkt festlegen

☐ Ich bin dafür, dass sich Jugendliche piercen und tätowieren lassen dürfen.
☐ Ich bin dagegen, dass sich Jugendliche piercen und tätowieren lassen dürfen.

4 a. Wähle drei Argumente aus, die deinen Standpunkt unterstützen. Nummeriere sie auf Seite 12 in der Reihenfolge ihrer Überzeugungskraft. Das überzeugendste Argument erhält also die Nummer 3.
b. Ergänze zu deinen drei Argumenten passende Beispiele oder Belege.

Argumente auswählen, ordnen und durch Beispiele verdeutlichen

Beispiele oder Belege für die Argumente 1 bis 3

1 _____

_____

_____

2 _____

_____

_____

3 _____

_____

_____

5 a. Welche drei Gegenargumente willst du entkräften? Markiere diese Argumente der Gegenmeinung in der Tabelle auf Seite 12.
b. Entkräfte diese Gegenargumente mit wirkungsvollen Formulierungen. Du kannst die Wörter und Wortgruppen vom Rand verwenden.

Gegenargumente entkräften

Entkräftung der Gegenargumente

_____

_____

_____

_____

_____

_____

_____

_____

_____

Obwohl einige Leute meinen, dass …

Trotz …

Auch wenn …

Zwar behaupten einige, dass …, aber …

Einerseits befürchtet man, dass …, andererseits …

Die Argumentation schreiben und überarbeiten

Du schreibst deinen Leserbrief gegliedert auf.

Du beginnst mit der Einleitung.

die Einleitung schreiben

6 Nenne in der Einleitung das Thema und den Anlass deines Leserbriefes.
Du kannst deine Position dabei schon anklingen lassen.

Sehr geehrte Damen und Herren,

in Ihrem Artikel „Innere Werte zählen nicht" vom 22. November äußerten

Sie die Meinung, dass _____

_____

_____

_____

7 Schreibe eine Gliederung für den Hauptteil des Leserbriefes in Stichworten.
– Ordne die Gegenargumente und Argumente nach dem Prinzip der Sanduhr.
– Entkräfte mindestens ein Gegenargument.
– Veranschauliche deine eigenen Argumente mit Beispielen und Belegen.

den Hauptteil gliedern

stärkstes Gegenargument: _____

_____

Entkräftung: _____

mittleres Gegenargument: _____

_____

Entkräftung: _____

schwächstes Gegenargument: _____

_____

Entkräftung: _____

schwächstes Argument: _____

_____

Beispiel: _____

mittleres Argument: _____

_____

Beispiel: _____

stärkstes Argument: _____

_____

Beispiel: _____

_____

8 Schreibe den Hauptteil deiner Argumentation in dein Heft.
– Nutze deine Gliederung aus Aufgabe 7 auf Seite 14.
– Du kannst die folgenden Formulierungshilfen verwenden.
Tipp: Beginne jeden neuen Gedanken mit einem Absatz.

die Argumentation ausformulieren

So kannst du die Gegenposition einleiten: Von vielen Leuten wird die Ansicht vertreten, … Häufig wird geäußert, … Manche Menschen meinen ernsthaft, …	**So kannst du die Argumente der Gegenposition einleiten:** Nicht ganz zu Unrecht gibt es Bedenken, … Deshalb wird den … oft entgegengehalten, … Es ist ja nicht ganz falsch, …
So kannst du deine Position einleiten: Wie vor mir schon viele Menschen behaupte ich, … Meiner Meinung nach ist … Ich hingegen bin davon überzeugt, dass …	**So kannst du deine Argumente einleiten:** Richtig ist in diesem Zusammenhang, dass … Unzweifelhaft wichtig ist, … Entscheidend ist aus meiner Sicht, …

9 Formuliere einen Schluss, in dem du deine Position zusammenfasst.
Du kannst die Formulierungen vom Rand verwenden.

den Schluss schreiben

_____

_____

_____

_____

_____

_____

Zusammenfassend kann man …

Wenn man das Für und Wider abwägt, kommt man zu dem Schluss, dass …

Letztlich kann niemand …, aber dennoch …

Unterm Strich überwiegen die …

10 Schreibe den vollständigen Leserbrief in dein Heft.
– Beachte alle Anforderungen an einen offiziellen Brief.
– Verknüpfe deine Argumente, Gegenargumente und Beispiele miteinander.
  Du kannst die folgenden Konjunktionen verwenden.

weil, denn, da, deshalb, obwohl, sondern, einerseits, andererseits

den Leserbrief schreiben

➤ Die Arbeitstechnik „Eine Argumentation schreiben" findest du vorne auf der inneren Umschlagseite.

11 Überarbeite deinen Text mithilfe der Checkliste.

Checkliste: Eine Argumentation schreiben	ja	nein
Habe ich in der **Einleitung** das **Thema/Problem** benannt?	☐	☐
Habe ich im **Hauptteil** je drei **Pro-** und drei **Kontra-Argumente** genannt?	☐	☐
Habe ich die Argumente nach dem **Sanduhrprinzip** angeordnet?	☐	☐
Habe ich den **Aufbau der Argumente** (These, Argument, Beispiel) beachtet?	☐	☐
Habe ich meinen **eigenen Standpunkt** genannt und begründet?	☐	☐
Habe ich abwechslungsreiche **Satzanfänge** und **Überleitungen** verwendet?	☐	☐
Habe ich einen passenden **Schluss** geschrieben?	☐	☐

Eine Kurzgeschichte interpretieren

Eine Kurzgeschichte untersuchen

Einen Text, den du interpretieren willst, liest du besonders aufmerksam. Du markierst mit Bleistift, was dir auffällt, und stellst Fragen an den Text.

den Text lesen

1   a. Lies die Kurzgeschichte mithilfe des Textknackers.
  b. Was fällt dir auf? Unterstreiche Besonderheiten mit Bleistift und
     notiere deine Beobachtungen am Rand.
  c. Welche Fragen kannst du an den Text stellen?
     Notiere deine Fragen am Rand oder in deinem Heft.

➤ Die Arbeitstechnik „Der Textknacker für literarische Texte" findest du in der vorderen Klappe.

Cornflakes – Otto F. Walter

Der Kleine schob den Stuhl unters Fenster. Dann schaute er
zu Christa hinüber. Sie kniete noch immer neben dem Fenster,
noch immer drückte sie rote Farbe in die Augen der Puppe.
Er holte den Schemel, stieg hinauf, jetzt kletterte er auf den
5   Stuhl. Als er aufstand, konnte er durch die Scheiben den
Scheinwerfer der Sonne sehen. Er konnte unten die Straße
sehen, den Hund, die zwei Frauen mit den Taschen. Christa
sagte: Komm herunter. Die Mutter war unten noch immer
nicht zu sehen. Er versuchte, das Fenster zu öffnen.
10   Es ist verboten, sagte Christa. Der Kleine sagte: Nur Mädchen
dürfen nicht. Christa schaute herüber: Komm sofort herunter.
Der Kleine wusste, sie kam jetzt gleich und presste ihn an sich
und holte ihn vom Stuhl. Sie war größer als er. Ich darf, sagte
er. Der Fensterriegel in seiner Hand fasste sich kalt an. Als
15   Christa kam, trat er nach ihr. Sie stellte ihn auf den Boden
und zog den Stuhl weg. Er lief in die Küche. Neben dem
Kühlschrank setzte er sich in die Ecke. Christa ist eine Sau.
Er wischte sich mit dem Handrücken die Tränen weg.
Männer weinen nicht. Er wollte jetzt Cornflakes haben.
20   Er stand auf, kletterte auf den Hocker, dann bekam er
die Packung zu fassen. Er kauerte sich wieder in die Ecke.
Für einen Augenblick hatte er Christa ganz nah vor sich, er
nahm das große Messer und stach hinein. Christa weinte.
Männer sind stark. Männer weinen nicht. Cornflakes machen
25   stark. Er kaute, kaute, kaute.

– Hauptfigur „klein". Wieso ohne Namen?

2   Untersuche die Geschichte mithilfe der Handlungsbausteine.
Notiere zu jedem Handlungsbaustein Stichworte.

die Handlungsbausteine untersuchen

> Hauptperson/Situation
> Wunsch
> Hindernis
> Reaktion
> Suche

➤ Die Arbeitstechnik „Eine Geschichte verstehen: Die Handlungsbausteine" findest du hinten auf der inneren Umschlagseite.

3 Fasse den Inhalt der Geschichte in wenigen Sätzen zusammen. Verwende dabei deine Ergebnisse aus Aufgabe 2. Schreibe im Präsens.

_____

_____

_____

_____

_____

_____

_____

_____

den Inhalt zusammenfassen

➤ Die Arbeitstechnik „Eine Inhaltsangabe schreiben" findest du vorne auf der inneren Umschlagseite.

Merkwissen

Die Merkmale einer Kurzgeschichte

Eine **Kurzgeschichte** ist eine knappe, moderne Erzählung. Nicht nur die Geschichte selbst ist **kurz**, sondern auch der **erzählte Zeitraum** (meist unter 24 Stunden).

Kurzgeschichten handeln von wenigen **Figuren**. Die **Situation** erscheint auf den ersten Blick **alltäglich**, enthält aber ein wichtiges **Problem** oder einen entscheidenden **Wendepunkt** im Leben der Figuren.

Der **Einstieg (Anfang)** ist **unvermittelt** wie ein Sprung mitten ins Geschehen.

Das **Ende** bleibt ganz oder teilweise **offen** und fordert die Leser auf, selbst über den Ausgang und eine Lösung nachzudenken.

---

4 **a.** Weise die Merkmale der Kurzgeschichte für den Text „Cornflakes" nach. Schreibe zu jedem Merkmal Stichworte auf. Belege sie mit Zeilenangaben.

kurzer Ausschnitt (Zeitraum): _____

alltägliches Geschehen: _____

geringe Anzahl von Figuren: _____

Problem/Wendepunkt: _____

unvermittelter Einstieg: _____

offenes Ende: _____

b. Gibt es in der Geschichte einen Wendepunkt? Beschreibe einen möglichen Wendepunkt und begründe deine Wahl in ganzen Sätzen.

_____

_____

_____

_____

_____

_____

die Merkmale einer Kurzgeschichte untersuchen

die Erzählperspektive untersuchen

5 Untersuche die Erzählperspektive in „Cornflakes".
Kreuze an, ob die Aussagen zutreffen oder nicht.

	trifft zu	trifft nicht zu
a) Die Kurzgeschichte ist in der Er-/Sie-Form verfasst.	☐	☐
b) Das Äußere der Figuren wird sehr genau beschrieben.	☐	☐
c) Der Erzähler bewertet das Verhalten des Jungen.	☐	☐
d) Der Erzähler verschwindet ganz hinter der Hauptfigur.	☐	☐
e) Der Erzähler kennt die Gedanken von beiden Hauptfiguren.	☐	☐
f) Der Leser erfährt immer nur, was der kleine Junge weiß.	☐	☐

6 **a.** Welche Erzählperspektive liegt in „Cornflakes" vor? Kreuze an.

☐ Ich-Erzähler   ☐ auktorialer Erzähler   ☐ personaler Erzähler

b. Begründe deine Wahl mithilfe von Zitaten. Schreibe in dein Heft.

die Figuren und ihr Verhältnis zueinander charakterisieren

7 **a.** Schreibe auf, was die über die Figuren erfährst.

der Kleine: _____

_____

Christa: _____

die Mutter: _____

b. Beschreibe das Verhältnis der Hauptfigur zu seiner Schwester.
Belege deine Aussagen mit geeigneten Textstellen.

_____

_____

Die Interpretation schreiben

Deine Deutung wichtiger Textstellen begründest du überzeugend.

„Er wollte jetzt Cornflakes haben. Er stand auf, kletterte auf den Hocker,
dann bekam er die Packung zu fassen. Er kauerte sich wieder in die Ecke.
Für einen Augenblick hatte er Christa ganz nah vor sich, er nahm
das große Messer und stach hinein. Christa weinte."
(Z. 19–23)

1 **a.** Welcher Deutung dieser Textstelle stimmst du zu? Kreuze an.
b. Begründe deine Entscheidung in ganzen Sätzen.
Beziehe dich dabei möglichst auf den Wortlaut der Textstelle.

☐ Markus: „Der Junge ist so wütend auf die Schwester, dass er ein Messer
nimmt und auf sie einsticht, bis sie weint."

☐ Fynn: „Der Junge ist voller Wut auf die große Schwester und wünscht sich,
groß und stark zu sein. Schließlich stellt er sich sogar vor, mit einem Messer
in Christa hineinzustechen, bis sie weint."

☐ Leonie: „Am Schluss der Kurzgeschichte wird klar, dass der Junge verrückt
ist. Er hat Halluzinationen und glaubt, dass er seine Schwester ersticht."

2 Welche Bedeutung haben folgende Gegenstände für die Hauptfigur?
a. Schreibe auf, wofür sie stehen könnten.
b. Belege deine Deutung mit passenden Textstellen.

Der Stuhl, der Schemel und der Hocker stehen für den Wunsch
_____

_____

Die Packung Cornflakes
_____

Das große Messer
_____

3 Schreibe eine **Einleitung** für deine Interpretation in einem Satz auf.

_____
_____
_____
_____
_____
_____

➤ Die Arbeitstechnik
„Die Interpretation einer Kurzgeschichte schreiben" findest
du vorne auf der inneren
Umschlagseite.

4 Schreibe die vollständige Interpretation in dein Heft.
– Verwende deine Ergebnisse der Aufgaben auf den Seiten 16–19.
– Belege deine Interpretation mit Angaben von Textstellen und Zitaten.
– Prüfe die Rechtschreibung und die Zeichensetzung.

Prüfungsaufgaben verstehen

In einer Prüfung liest du zuerst deinen Arbeitsauftrag und notierst dir, was du tun sollst. Du beschreibst deine Aufgaben in eigenen Worten.

1 **a.** Lies die Aufgaben des Arbeitsauftrags Satz für Satz.
  b. Markiere die Aufforderungsverben (Operatoren) in den Aufgaben.

Dein Arbeitsauftrag

Verfasse auf der Grundlage der Materialien **M 1** bis **M 3** einen informativen Text über die Erforschung des Wostoksees für die Schülerzeitung. Berücksichtige dabei folgende Teilaufgaben:

a) Formuliere eine Einleitung, in der du die Lage und die Besonderheiten des Wostoksees kurz darstellst.
b) Stelle die Beweggründe für die Erforschung des Wostoksees dar.
c) Erkläre anhand der Materialien, mit welchen technischen Mitteln der Wostoksee erforscht werden soll.
d) Stelle die Kritik an der Erforschungsmethode dar.
e) Erläutere anhand der Materialien, wie derartige Forschungen gestaltet sein müssen, um brauchbare Forschungsergebnisse zu erhalten.
f) Äußere zum Schluss deine eigene Meinung zur Erforschung des Wostoksees und begründe sie.
g) Notiere am Ende deines Textes die von dir genutzten Quellen.

Materialien über den Wostoksee
➤ S. 4–6

➤ Diese Prüfungsaufgabe findest du auf **Seite 10**.

2 **a.** Welche weiteren Angaben im Arbeitsauftrag musst du beachten? Kreise die einzelnen Angaben mit Bleistift ein.
  b. Beschreibe folgende Angaben noch einmal in eigenen Worten.

„Verfasse [...] einen informativen Text": _____

_____

_____

„auf der Grundlage der Materialien **M 1** bis **M 3**": _____

_____

„für die Schülerzeitung": _____

_____

„über die Erforschung des Wostoksees": _____

_____

3 Welche Aussagen treffen zu – welche nicht? Kreuze an.

	trifft zu	trifft nicht zu
a) Ich suche mir ein Material aus, auf das sich meine Darstellung vollständig bezieht.	☐	☐
b) Ich stelle meine eigene Meinung zur Erforschung des Wostoksees ausführlich und begründet dar.	☐	☐
c) Ich stelle mir vor dem Schreiben die Frage, an wen sich mein Text richtet.	☐	☐
d) Ich nutze für meine Darstellung die Informationen aus allen drei Materialien.	☐	☐

4 Was bedeuten die Aufforderungsverben **formulieren**, **darstellen** und **verfassen**? Kreuze für jeden Operator zutreffende Aussagen an.
Tipp: Es kann in jeder Zeile ein, zwei, drei oder gar kein Kreuz(e) geben.

Aufforderungsverben (Operatoren)

Das Aufforderungsverb (der Operator) …	formulieren	darstellen	verfassen
… fordert die Darstellung eines Zusammenhangs.	☐	☐	☐
… fordert Formulierungen in vollständigen Sätzen.	☐	☐	☐
… fordert eine Strukturierung des eigenen Textes.	☐	☐	☐
… kann die Verwendung von Zitaten beinhalten.	☐	☐	☐
… bezieht sich meist auf große Schreibaufträge.	☐	☐	☐

5 Was bedeuten die Aufforderungsverben **notieren**, **erklären** und **erläutern**?
Kreuze für jeden Operator zutreffende Aussagen an.
Tipp: Es kann in jeder Zeile ein, zwei, drei oder gar kein Kreuz(e) geben.

Das Aufforderungsverb (der Operator) …	notieren	erklären	erläutern
… gibt an, dass nur Sachinformationen genannt werden.	☐	☐	☐
… gibt an, dass die Sprache sachlich sein soll.	☐	☐	☐
… gibt an, dass Sachverhalte umfassend dargestellt werden.	☐	☐	☐
… gibt an, dass Beispiele genannt werden können.	☐	☐	☐

6 **a.** Schreibe alle Operatoren der Teilaufgaben **a** bis **f** in eine Tabelle im Heft.
b. Schreibe für alle Teilaufgaben in eigenen Worten dazu, was du tun sollst.

Starthilfe

Teilaufgabe	Aufforderungsverb (Operator)	Ich soll …
a)	formulieren, kurz darstellen	… die Einleitung in eigenen ganzen Sätzen schreiben. … dabei die Lage und die Besonderheiten des Sees kurz nennen.
	…	…

7 Wozu fordern die folgenden Operatoren auf? Verbinde.

begründen	Ich soll Textinformationen in eigenen Worten kurz zusammenfassen, ohne sie zu bewerten.
interpretieren	Ich soll für meine Aussagen über den Text Argumente anführen.
bewerten	Ich soll die Merkmale, die Eigenheiten und die Entwicklung einer Figur beschreiben.
zusammenfassen, wiedergeben	Ich soll vorgegebene Thesen oder eigene Behauptungen mithilfe von Textstellen belegen.
nachweisen	Ich soll Sachverhalte in Texten beurteilen und mein Urteil begründen.
charakterisieren	Ich soll einen Text genau untersuchen und die dabei gewonnenen Informationen deuten.

Prüfungsaufgaben mit Operatoren von dieser Seite ➤ S. 30, 42, 56

Aufgabentypen in Tests und Prüfungen

Du lernst wichtige Aufgabentypen kennen, die in Prüfungen vorkommen. Die Beispielaufgaben kannst du mit den Materialien über den Wostoksee lösen.

Materialien über den Wostoksee
➤ S. 4–6

Merkwissen

Bei einer **Multiple-Choice-Aufgabe** (Auswahl-Aufgabe) musst du unter mehreren falschen Aussagen **eine richtige** herausfinden.
Achtung: Lies die Aufgabe genau, denn manchmal wird auch nach der **falschen** Aussage gefragt.

1 Wo befindet sich der Wostoksee? Kreuze an.

Der Wostoksee befindet sich …

- ☐ **a)** … in Sibirien.
- ☐ **b)** … in der Antarktis.
- ☐ **c)** … in der Arktis.
- ☐ **d)** … unter dem Gletschereis Grönlands.

Merkwissen

Bei einer **Richtig-Falsch-Aufgabe** musst du für mehrere Aussagen entscheiden, ob sie zutreffen oder nicht. **Achtung:** Oft hängt die Entscheidung nur von einem Wort ab. Lies die Aussagen sehr genau.

2 Kreuze an, welche Aussagen zutreffen und welche nicht.

	trifft zu	trifft nicht zu
a) Nach internationaler Kritik haben die russischen Forscher die Bohrtechnik verändert.	☐	☐
b) Im Wostoksee gibt es unbekannte Lebensformen.	☐	☐
c) Im Wostoksee könnte es bislang unbekannte Lebensformen geben.	☐	☐
d) Im Wostoksee werden keine bislang unbekannten Lebensformen vermutet.	☐	☐

Merkwissen

In **halboffenen Aufgaben** vervollständigst du einen vorgegebenen Satzanfang. Achte darauf, dass der Satz durch deine Ergänzung vollständig ist.

3 Vervollständige den folgenden Satz mit einer Begründung.

Das Anbohren des Wostoksees wurde 1998 zunächst unterbrochen, weil

_____

_____

Merkwissen

Eine **Kurzantwort-Aufgabe** verlangt eine selbstständig formulierte Antwort auf die Frage zu einem Text. **Achtung:** Schreibe so kurz und knapp wie möglich, aber immer in einem vollständigen Satz.

4 Welchem Zweck dient die Einleitung bei einem informativen Text?

_____

_____

In Tests und Prüfungen gute Ergebnisse erzielen

Du löst die Aufgaben in Tests und Prüfungen planvoll und ruhig.

1 **a.** Lies den folgenden Arbeitsauftrag aus einer Prüfung.
 b. Wie gehst du vor, wenn die Materialien und Aufgaben vor dir liegen und
 die Bearbeitungszeit läuft? Beschreibe, wie du Schritt für Schritt vorgehst.

Dein Arbeitsauftrag

Nach der Aussetzung der Wehrpflicht wird in den Medien das folgende
Thema diskutiert:
**„Sollten alle Schüler/-innen nach der Schulzeit zu einem sozialen Jahr
verpflichtet werden?"**
Die Redaktion eurer Schülerzeitung will dem Thema die nächste Ausgabe
widmen. Nimm in Form eines Leserbriefs zu dem Thema begründet Stellung.
Beachte dabei die Form des offiziellen Briefs.
Deinen Leserbrief richtest du an die Adresse der Redaktion
eurer Schülerzeitung.

➤ Die Prüfung mit dieser Aufgabe findest du auf den **Seiten 38 bis 49**.

_____

_____

_____

_____

_____

2 **a.** Lies die folgende Arbeitstechnik.
 b. Überarbeite dein Ergebnis aus Aufgabe 1 b. Schreibe in dein Heft.

Arbeitstechnik

In Prüfungen gute Ergebnisse erzielen
Mit der richtigen Strategie holst du bei jeder Prüfung aus deiner
Vorbereitung das bestmögliche Ergebnis heraus.
1. Verschaffe dir einen **Überblick** darüber, was du leisten sollst.
 Überfliege dazu alle **Materialien**, **Schreibaufträge** und **Einzel-aufgaben**.
2. **Lies Schreibaufträge** genau, damit du weißt, worauf du beim Lesen
 der Materialien achten musst.
3. **Teile** deine verbleibende **Bearbeitungszeit** auf die Schritte 4 bis 8 **ein**.
4. **Lies die Materialien** in Ruhe durch. Nutze dabei den Textknacker.
5. **Bearbeite die Einzelaufgaben.** Lies sie vorher genau.
 Tipp: Überspringe die für dich vorerst „unlösbaren" Aufgaben.
 Bearbeite sie zum Schluss in deiner Reservezeit.
6. **Bearbeite deinen Schreibauftrag.** Nutze dafür geeignete Arbeits-techniken.
7. **Überarbeite dein Ergebnis** zu dem Schreibauftrag (mit Checklisten).
 Achte auf die Rechtschreibung, die Grammatik und deinen Stil.
8. **Kontrolliere deine Lösungen** zu den Einzelaufgaben.
 Achte auf Flüchtigkeitsfehler.
9. **Nutze deine Reservezeit.** Bearbeite zuvor ausgelassene Aufgaben.

Prüfung: Sachtexte erschließen und schreiben

Die Prüfungsaufgaben zu den folgenden Materialien bestehen aus den drei Prüfungsteilen Leseverstehen, Schreibauftrag und Sprachwissen.

1. Leseverstehen ➤ S. 27–29
2. Schreibauftrag ➤ S. 30–31
3. Sprachwissen ➤ S. 32–33

➤ Die Arbeitstechnik „Der Textknacker" findest du in der vorderen Klappe.

1 Lies die folgenden Texte und Grafiken mithilfe des Textknackers.

Material 1 (M 1)
Zwerge mit Riesenpotenzial
– Birgit Niesing, Fraunhofer-Magazin

Nie mehr Fenster putzen, keine Flecken mehr auf der Kleidung, Sonnen-baden ohne Reue – Nanoteilchen machen es möglich. Doch das ist erst der Anfang. Von der Nanotechnologie können alle Branchen profitieren – vom Autobau bis zur Medizin. Experten sagen der Zukunftstechnologie
5 **ein riesiges Marktpotenzial voraus.**

Tasche auf, Sonnenmilch raus und dann kräftig eincremen. Das war diesen Sommer nicht nur am Badestrand ein alltägliches Ritual, wenn man einen Sonnenbrand vermeiden wollte. Für den wirksamen Schutz vor den gefährlichen UV-Strahlen sorgen in vielen Produkten winzige Nanoteilchen.

10 Mit bloßem Auge sind die Partikel nicht zu erkennen. Man braucht ein Rasterelektronenmikroskop, um die nur wenige Nanometer kleinen Teilchen aus Zink- oder Titandioxid zu sehen.
Ein Nanometer ist der milliardste Teil eines Meters. Das ist so unvorstellbar klein, dass Vergleiche mit bekannten Dingen merkwürdig klingen. Ein menschli-
15 ches Haar müsste man etwa 50 000-mal spalten, damit es einen Nanometer dünn wäre. Aber wer macht das schon? Und dass ein Fußball im Vergleich zur Erde genauso klein ist wie ein Nanoteilchen im Verhältnis zum runden Leder, erleichtert die Vorstellung auch nur bedingt. Doch obwohl die Teilchen so unbeschreiblich klein sind, erwarten Experten wahre „Wunderdinge" von
20 den Winzlingen. Sie sollen Autolacke ermöglichen, die auf Knopfdruck die Farbe ändern, Materialien mit maßgeschneiderten Eigenschaften versehen oder Krebsmedikamente direkt ins Tumorgewebe schleusen. Die Nanotechnologie soll unseren Alltag ähnlich revolutionieren wie Dampfmaschinen oder der Computer. „Kein Lebensbereich und kein Zweig der Wirtschaft wird von
25 den Auswirkungen der Nanotechnik unberührt bleiben",
sagt der Nanowissenschaftler Prof. Wolfgang Heckl.
Doch was ist das Besondere an den Nanoteilchen?
„In der Nanowelt gelten andere Gesetze als in
der Makrowelt. Bekannte Materialien verändern
30 in Nanogröße ihre Eigenschaften. Die Stoffe haben
andere Farben, Schmelzpunkte oder elektrische
Leitfähigkeiten", erläutert Dr. Karl-Heinz Haas, Leiter
des Fraunhofer-Verbunds Nanotechnologie. Keramik
wird transparent, Gold hat eine rote Farbe, Metalle
35 werden zu Halbleitern.
Zahlreiche Nanoprodukte sind bereits auf dem Markt:
Nanoschichten machen Kunststoffgläser kratzfest,
maßgeschneiderter Ruß sorgt für gute Haftung
bei den Autoreifen und neuartige Barrierefüllstoffe
40 verhelfen Tennisbällen zu längerer Haltbarkeit.

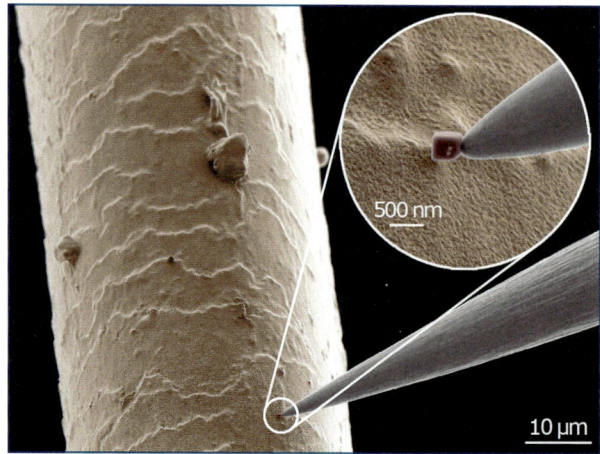

Vergrößerung eines Nanoteilchens an der Spitze einer Nadel vor dem Hintergrund eines menschlichen Haars.
nm = Nanometer, μm = Mikrometer

Nanotechnologie kann vor allem die Medizin verändern. Medikamente, die sich selbstständig ihren Weg durch den Körper bahnen und, am Ziel angekommen, genau die kranken Zellen angreifen – das ist seit jeher der Traum der Mediziner und
45 Pharmazeuten.

Doch unumstritten ist die Nanotechnologie nicht. Was passiert, wenn Nanopartikel in unseren Körper gelangen? Wie wirken sich die Winzlinge auf die Umwelt aus? Ultrafeine Partikel belasten den menschlichen Körper nicht erst, seitdem es Nanoprodukte
50 gibt. Feinste Stäube werden auch bei Verbrennungsprozessen freigesetzt. Untersuchungen zeigen: Je kleiner die Partikel sind, desto tiefer gelangen sie über die Atmung auch in die Lunge. Eines ist schon jetzt klar: „Nanoskalige Materialien kommen in Kontakt mit dem Menschen, und das nicht nur während ihrer Nutzung als
55 Medikamente. Sie werden in Nahrungsmitteln, Kosmetika und vielen anderen Anwendungen bereits eingesetzt. Die steigende Produktion, z. B. von Metalloxiden oder Kohlenstoff-Nanoröhrchen, wird auch zu einer möglichen Belastung am Arbeitsplatz führen", erwartet Prof. Dr. Harald Krug
60 vom Forschungszentrum Karlsruhe.

Material 2 (M 2)

Die Zukunft der Nanotechnologie Umsatz in Milliarden Dollar

Angaben zu den Jahren 2012 und 2014 sind Vorhersagen aus dem Jahr 2011.

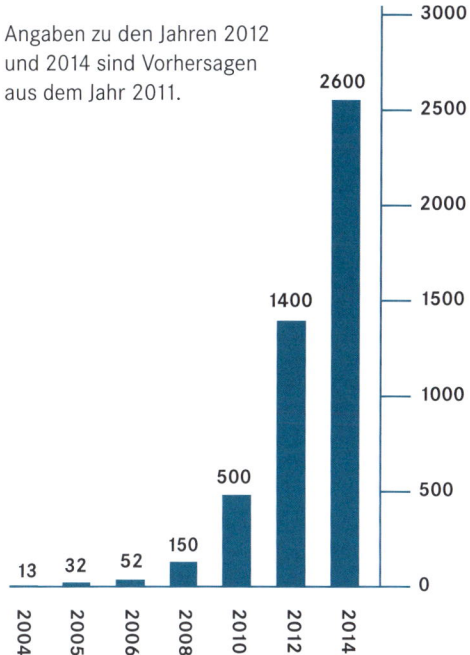

Jahr	Umsatz
2004	13
2005	32
2006	52
2008	150
2010	500
2012	1400
2014	2600

Material 3 (M 3)

Anwendungsfelder der Nanotechnologie

Sonnenschutzmittel und Kosmetik

Medikamente und medizinische Hilfsmittel

Materialien für Energienutzung

Materialien für den Fahrzeugbau

Material 4 (M 4)
Alles Nano?

Der Begriff „Nano" leitet sich von dem griechischen Wort „nanos" (Zwerg) ab.
Mit der Vorsilbe Nano wird der milliardste Teil von etwas bezeichnet (10^9).
Als Vater der Nanotechnologie gilt Richard Feynman, der bereits 1959 in
einem Vortrag sagte: „There's plenty of room at the bottom" (Ganz unten ist
5 eine Menge Platz). Eingeläutet wurde die nanowissenschaftliche Revolution 1981
mit dem Bau des ersten Rastertunnelmikroskops. Damit lassen sich nicht nur
Atome beobachten, sondern auch mithilfe einer feinen Spitze verschieben.
Heinrich Rohrer und Gerd K. Binning vom IBM-Forschungslabor in Zürich
erhielten 1986 für die Entwicklung des Rastertunnelmikroskops den Nobelpreis
10 in Physik. 1991 entdeckte der japanische Forscher Sumio Iijima kleinste
Röhrchen aus Kohlenstoffatomen mit ungewöhnlichen Eigenschaften,
die „Carbon-Nanotubes". Nanotechnologie ist auf keine Branche oder
Technologie beschränkt. Biologen, Chemiker, Physiker, Materialwissenschaftler,
Informatiker und Mediziner arbeiten an Anwendungen.

Richard Feynman

Material 5 (M 5)
Umweltbundesamt warnt vor Nanotechnologie

**Die winzigen Teilchen stecken in immer mehr Nahrungsmitteln, Kleidung
und Kosmetika – jetzt warnt das Umweltbundesamt Verbraucher vor
den Risiken der Nanotechnologie: Einige der Partikel könnten zu Gesund-
heitsschäden führen. Eine Kennzeichnungspflicht für Nanoprodukte gibt
5 es bislang nicht.**

München – In einer noch unveröffentlichten Studie warnt das Umweltbundesamt (UBA) vor Gesundheitsgefahren, die aus dem industriellen Einsatz in
Nahrungsmitteln, Kleidungsstücken, Kosmetika und anderen Produkten
resultieren können. Die Behörde empfiehlt, bei der Verwendung von Produkten
10 mit den kleinen Partikeln so lange Vorsicht walten zu lassen, bis ihre Wirkungen
in der Umwelt und auf die menschliche Gesundheit besser erforscht sind.
Zudem fordert das Amt demnach eine Kennzeichnungspflicht und ein Melderegister für Produkte, die Nanopartikel enthalten. Davon wären mehr als 800
Unternehmen in Deutschland betroffen, die in der Nanotechnologie tätig sind.
15 Die Nanotechnologie wird eingesetzt, um etwa in Textilien das Wachstum von
Bakterien zu hemmen und damit üblen Geruch zu verhindern, auf Schokoriegeln
die Bildung eines Grauschleiers zu unterdrücken oder in Sonnencremes ultra-
violette Strahlen abzuhalten.
Das UBA zitiert Studien, denen zufolge Nanopartikel, die mit bloßem Auge nicht
20 sichtbar sind, bis tief in die Lunge vordringen und dort Entzündungen auslösen
können. Im Tierversuch seien die Teilchen bis in den Kern von Körperzellen
gewandert und hätten dort die Erbinformation geschädigt. Zudem gebe es
Hinweise, dass Nanoröhrchen aus Kohlenstoff bei Tieren Erkrankungen auslösen
können, die jenen von Asbestfasern[1] ähnlich sind.
25 Die Verwendung millionstel Millimeter kleiner Partikel ist für viele Industrie-
branchen interessant, weil sie nützliche chemische und physikalische Eigenschaften besitzen. Ihre Winzigkeit birgt allerdings auch die Gefahr, dass sie viel
eher die natürlichen Barrieren im Körper überwinden – etwa die
Blut-Hirn-Schranke[2].

1 Der Asbest: ein leichter Baustoff, der in den Jahren 1950 bis 1970 verwendet wurde und sich
   dann als krebserregend erwies
2 Die Blut-Hirn-Schranke: eine Barriere zwischen dem Blutkreislauf und dem Zentralnervensystem

1. Prüfungsteil: Leseverstehen

1 Kreuze die richtige Antwort an (**M 1**). Ein Nanometer ist …

☐ … der millionste Teil eines Meters.
☐ … der milliardste Teil eines Meters.
☐ … das Hunderttausendfache eines Millimeters.
☐ … eine gedachte Größe, die nicht existiert.

2 Was erwarten Experten von der Nanotechnologie? Finde im Material **M 1** die Antwort und schreibe einen Satz in eigenen Worten auf.

_____

_____

3 Nenne drei Beispiele für Nanoprodukte (**M 1**), die bereits auf dem Markt sind.

_____

_____

4 Welcher Lebensbereich kann durch Nanotechnologie besonders stark verändert werden (**M 1**)? Begründe.

_____

_____

5 Was ist mit dem Begriff „Makrowelt" (**M 1, Z. 29**) gemeint? Erkläre.

_____

_____

6 Wie kannst du erklären, dass zum Beispiel ein grünes Material der Makrowelt durch nanotechnische Veränderungen zu einem roten Material wird? Beantworte die Frage mit einem Zitat aus **M 1**.

_____

_____

_____

7 Kreuze für jede Antwort an, ob sie zutrifft oder nicht (**M 1**).

Nanoteilchen machen Folgendes möglich:	trifft zu	trifft nicht zu
a) Man braucht in Zukunft nie wieder Fenster zu putzen.	☐	☐
b) Es gibt oft Flecken auf der Kleidung.	☐	☐
c) Autoreifen haften besser auf der Straße.	☐	☐
d) Menschen müssen weniger essen und trinken.	☐	☐

8 Kreuze an. Bei dem Diagramm **M 2** handelt es sich um ein …

☐ … Säulendiagramm. ☐ … Balkendiagramm.
☐ … Kreisdiagramm. ☐ … Bilddiagramm.

9 Beschreibe den Inhalt der Grafik **M 2**.
Nenne das Thema und erläutere die unterschiedlichen Zahlenwerte.

_____

_____

_____

_____

10 Dem Schaubild **M 3** kannst du konkrete Anwendungsfelder der Nanotechnologie entnehmen. Ergänze mithilfe der anderen Materialien weitere Anwendungsfelder und/oder Anwendungsbeispiele, die dort nicht genannt werden.

_____

_____

_____

_____

11 Definiere den Begriff „Nano" (**M 1** und **M 4**).

_____

_____

_____

_____

12 Schreibe die Eckpunkte der Entwicklung der Nanotechnologie in die Tabelle
(**M 4**). Berücksichtige nur Ideen und Entwicklungen – keine Preise.

Jahr			
Ereignis	_____ _____	_____ _____	_____ _____

13 Das Umweltbundesamt (UBA) warnt vor Gefahren der Nanotechnologie (**M 5**).
Was empfiehlt das Umweltbundesamt? Kreuze an.

- ☐ Empfohlen wird ein vorsichtiger Umgang mit Produkten, die Nanopartikel
  enthalten.
- ☐ Empfohlen wird, auf Produkte zu verzichten, die Nanopartikel enthalten.
- ☐ Das UBA verweist auf den Nutzen der Nanotechnologie, nicht auf
  Gefahren.
- ☐ Das UBA ist der Meinung, dass man die Ergebnisse von Tierversuchen
  nicht auf Menschen übertragen kann.

14 Was fordert das Umweltbundesamt (**M 5**)? Kreuze an.

- ☐ eine Kennzeichnungspflicht und ein Melderegister für Produkte,
  die Nanopartikel enthalten
- ☐ weitere Tierversuche zur Erforschung möglicher Gefahren
- ☐ den Verzicht auf die weitere Ausdehnung der Nanotechnologie
- ☐ Menschenversuche, um mögliche Gefahren besser kennen zu lernen

15 Was empfiehlt das Umweltbundesamt (**M 5**) bei der Verwendung von Produkten, die Nanopartikel enthalten? Gib die Empfehlung in eigenen Worten wieder.

_____

_____

_____

_____

16 Ein Schüler sagt zu dem Thema „Nanotechnologie":
„Wir haben im Unterricht viel über diese neue Technologie gehört. Ich finde aber, das ist ein sehr spezielles Thema und ich würde genauso gut leben, wenn ich nichts darüber wüsste."

a) Prüfe, ob diese Behauptung eine angemessene Schlussfolgerung darstellt. Du kannst zustimmen, ablehnen oder eine vermittelnde Position einnehmen. Begründe deine Auffassung mithilfe von Zitaten aus den Texten und Grafiken.

➤ Die Arbeitstechnik „Eine Argumentation schreiben" findest du vorne in der inneren Umschlagseite.

_____

_____

_____

_____

_____

_____

_____

_____

_____

_____

_____

b) Eine Schülerin schreibt zu **M 1**: „Im Vergleich zu Material 5 merkt man bei Material 1, dass die Autorin beim Fraunhofer-Institut angestellt ist."
Hat die Schülerin mit ihrer Aussage recht?
Begründe deine Antwort mithilfe von Zitaten aus dem Text.
Tipp: Informiere dich vorher über das Fraunhofer-Institut.

_____

_____

_____

_____

_____

_____

_____

_____

2. Prüfungsteil: Der Schreibauftrag

Im zweiten Prüfungsteil bearbeitest du eines von zwei Wahlthemen.

Wahlthema 1: Sachtextanalyse

Dein Arbeitsauftrag

Analysiere das Material **M 1** auf den Seiten 24 bis 25.
Bearbeite dabei folgende Teilaufgaben:
- Gib in der Einleitung Auskunft über Titel und Autor, Textsorte sowie
  Zielgruppe.
- Erläutere im Hauptteil, welche Bedeutung die Nanotechnologie
  in der Gegenwart hat und in der Zukunft haben wird.
- Wäge im Schlussteil Argumente für und gegen die Nanotechnik ab
  und schreibe deine persönliche Meinung dazu.

Tipp: Wenn dir die Bearbeitung des Schreibauftrags zu deinem Wahlthema schwerfällt, nutze die Aufgaben auf den **Seiten 34–35** zur Vorbereitung.

Arbeitstechnik „Sachtexte erschließen und schreiben"
➤ S. 4–11

Wahlthema 2: Informierendes Schreiben

Dein Arbeitsauftrag

Verfasse auf der Grundlage der Materialien **M 1** bis **M 5** einen informativen
Text für die Schülerzeitung eurer Schule über die Nanotechnologie. Berück-
sichtige insbesondere die **Bedeutung**, die **Auswirkungen** und die **Gefahren**
dieser Technik.
Bearbeite dabei folgende Teilaufgaben:
- Formuliere einen Einleitungsteil, in dem du die Nanotechnologie als
  technische Revolution vorstellst.
- Stelle deinen Leserinnen und Lesern an Beispielen aus den Materialien
  ausführlich dar, welche Bedeutung die Nanotechnologie hat und welche
  Auswirkungen jetzt und in naher Zukunft im alltäglichen Leben zu spüren
  sein werden.
- Erläutere anhand der Materialien, welche Probleme die neue Technologie
  für die Menschen bringen könnte.
- Notiere am Ende deines Textes die von dir genutzten Quellen.

Du kannst für deine Schreibplanung die folgenden Aufgaben nutzen oder
selbstständig auf eigenen Blättern arbeiten.

1 Welche Arbeitstechniken nutzt du für deine Wahlaufgabe?
Schreibe jeweils die Bezeichnung der geeigneten Arbeitstechnik auf.

a) Für das Verständnis der Prüfungsaufgaben:

_____

b) Beim Lesen der Materialien (Texte, Bilder und Diagramme):

_____

c) Beim Gliedern und bei der Stoffsammlung:

_____

d) Beim Erschließen und Schreiben von Sachtexten:

_____

_____

Arbeitstechniken
nutzen

Fragen helfen dir, Stichworte für deine Gliederung zu sammeln.
Du wählst jeweils die zu deinem Wahlthema passenden Fragen aus.

2 Notiere Stichworte für die Einleitung deines Textes.
   – Wahlthema 1: Titel? Autor/Autorin? Textsorte? Adressat?
   – Wahlthema 2: Was ist der Gegenstand deines informativen Textes?

Einleitung: _____

_____

_____

3 Notiere Stichworte für den Hauptteil deines Textes.
   – Wahlthema 1: Was ist der Gegenstand des Textes?
   Welche Beispiele werden genannt? Wie wird das Dargestellte bewertet?
   Welche Fragen bleiben offen?
   – Wahlthema 2: Welchen Gegenstand stellst du dar? Welche Angaben
   (Zahlen, Beispiele, Erklärungen) willst du verwenden? Wie willst du deinen
   Text gliedern? Welche weiterführenden Fragen hast du zu dem Thema?

Hauptteil: _____

_____

_____

_____

_____

_____

_____

_____

4 Notiere Stichworte für den Schluss deines Textes.
   – Wahlthema 1: Welche Intention ist in dem Text erkennbar?
   Wie bewertest du den Text? Welche Meinung hast du zu dem Thema?
   – Wahlthema 2: Welche Meinung hast du zu dem Thema? Willst du an deine
   Leserinnen und Leser einen Appell richten oder ihnen Fragen stellen?

Schluss: _____

_____

_____

_____

5 Notiere eine passende Überschrift für deinen Text.
   – Wahlthema 1: Auf welchen Text beziehst du dich?
   – Wahlthema 2: Kannst du eine deiner Fragen aus Aufgabe 3 verwenden?
   Welche Überschrift könnte zum Lesen deines Textes anregen?

Überschrift: _____

_____

3. Prüfungsteil: Sprachwissen

1 Schreibe aus Material **M 1** je einen Hauptsatz und ein Satzgefüge auf.

a) Hauptsatz: _____

_____

b) Satzgefüge: _____

_____

2 Material **M 5** enthält den folgenden Satz.

„Die Behörde empfiehlt, bei der Verwendung von Produkten mit den kleinen Partikeln so lange Vorsicht walten zu lassen, bis ihre Wirkungen in der Umwelt und auf die menschliche Gesundheit besser erforscht sind." (M 5, Z. 9–11)

a. Bestimme die Wortarten der markierten Wörter und schreibe sie auf.

Behörde: _____ empfiehlt: _____

bei: _____ der: _____

und: _____ besser: _____

b. Wie heißt der Fachbegriff für das markierte gesteigerte Adjektiv?

_____

c. Bilde den Infinitiv des markierten Verbs. _____

3 Um welche Wortart handelt es sich bei „dass" im folgenden Satz? Kreuze an.

„Zudem gebe es Hinweise, dass Nanoröhrchen aus Kohlenstoff bei Tieren Erkrankungen auslösen können, die [...]." (M 5, Z. 22–24)

☐ Adverb   ☐ Artikel   ☐ Konjunktion   ☐ Pronomen

4 Bestimme die Zeitformen der folgenden Sätze.

a) „Das war diesen Sommer nicht nur am Badestrand ein alltägliches Ritual,

wenn man einen Sonnenbrand vermeiden wollte." (M 1, Z. 6–8)   _____

b) „Nanotechnologie ist auf keine Branche oder Technologie beschränkt."

(M 4, Z. 12–13)   _____

c) „Nanotechnologie wird vor allem die Medizin verändern." (M 1, Z. 41)   _____

5 Stelle dir vor, du schreibst im Jahre 2100 über die Anfänge der Nanotechnologie. Schreibe dazu den folgenden Satz im Präteritum auf.

„Nanoschichten machen Kunststoffgläser kratzfest, maßgeschneiderter Ruß sorgt für gute Haftung bei den Autoreifen und neuartige Barrierefüllstoffe verhelfen Tennisbällen zu längerer Haltbarkeit." (M 1, Z. 37–40)

_____

_____

_____

6 Rahme die Satzglieder **Subjekt** (Subj.), **Prädikat** (Präd.) und **Objekt** (Obj.) ein und kennzeichne sie darunter jeweils mit der Abkürzung.

Kleinste   Partikel   belasten   den   menschlichen   Körper.

_____

7 Bestimme im folgenden Satz die Objekte.
a. Markiere die beiden Objekte.
b. Schreibe die Fachbegriffe für diese beiden unterschiedlichen Objekte auf.

Die Nanotechnologie gibt Medizinern und Patienten große Hoffnung.

1. Objekt: _____

2. Objekt: _____

8 Gib den Satz in der indirekten Rede wieder.

„‚Kein Lebensbereich und kein Zweig der Wirtschaft wird von den Auswirkungen der Nanotechnik unberührt bleiben‘, sagt der Nanowissenschaftler Prof. Wolfgang Heckl“. (M 1, Z. 24–26)

_____

_____

_____

_____

9 Wandle den Satz ins Passiv um.

„1991 entdeckte der japanische Forscher Sumio Iijima kleinste Röhrchen aus Kohlenstoffatomen mit ungewöhnlichen Eigenschaften, die ‚Carbon-Nanotubes‘.“ (M 4, Z. 10–12)

_____

_____

_____

10 Schreibe den Satz im Aktiv auf.
Tipp: Achte darauf, dass die Zeitform Präteritum erhalten bleibt.

„Eingeläutet wurde die nanowissenschaftliche Revolution 1981 mit dem Bau des ersten Rastertunnelmikroskops.“ (M 4, Z. 5–6)

_____

_____

_____

11 Erkläre die Bedeutungen der Wörter in ganzen Sätzen.

Zukunftstechnologie: _____

_____

Marktpotenzial: _____

_____

Extra: Hilfen zum 2. Prüfungsteil

Diese Aufgaben helfen dir bei der Bearbeitung der Wahlthemen 1 und 2.

Schreibauftrag mit den Wahlthemen 1 und 2 ➤ S. 30

1 Beantworte die Fragen zum Thema in ganzen Sätzen.

a) Was ist Nanotechnologie?

_____

_____

_____

_____

b) In welchen Bereichen wird die Nanotechnologie bereits eingesetzt?

_____

_____

_____

_____

c) Welche Probleme tauchen im Zusammenhang mit der Nanotechnologie auf?

_____

_____

_____

_____

d) Welche Vorteile haben Menschen von den Produkten der Nanotechnologie?

_____

_____

_____

2 Was ist dir bei dem Thema „Nanotechnik" noch unklar?
Notiere eigene Fragen, die du in deinem Text stellen willst.

_____

_____

_____

_____

_____

3 Welche Meinung hast du zum Thema „Nanotechnologie"?
Begründe deine Meinung.

_____

_____

_____

_____

_____

4 Beantworte die folgenden Fragen in ganzen Sätzen.

a) Äußert sich der Textautor eher für oder eher gegen die Nanotechnologie? Woran merkst du das?

b) Welche Teilbereiche des Themas werden in dem Text behandelt?

5 Fasse den folgenden Abschnitt in eigenen Worten zusammen. Schreibe in dein Heft.

„Doch unumstritten ist die Nanotechnologie nicht. Was passiert, wenn Nanopartikel in unseren Körper gelangen? Wie wirken sich die Winzlinge auf die Umwelt aus? Ultrafeine Partikel belasten den menschlichen Körper nicht erst, seitdem es Nanoprodukte gibt." (M 1, Z. 46–50)

Diese Aufgaben helfen dir bei der Bearbeitung des Wahlthemas 2.

6 Beantworte die folgenden Fragen mithilfe der Materialien **M 1** bis **M 5**. Schreibe die passenden Materialnummern hinter deine Antwort.

a) Wie wird sich die Nanotechnologie in der Zukunft voraussichtlich entwickeln?

b) Inwiefern stellt die Nanotechnologie eine technische Revolution dar?

7 Fasse den folgenden Abschnitt aus **Material M 5** in eigenen Worten zusammen. Schreibe in dein Heft.

„Das UBA zitiert Studien, denen zufolge Nanopartikel, die mit bloßem Auge nicht sichtbar sind, bis tief in die Lunge vordringen und dort Entzündungen auslösen können. Im Tierversuch seien die Teilchen bis in den Kern von Körperzellen gewandert und hätten dort die Erbinformation geschädigt. Zudem gebe es Hinweise, dass Nanoröhrchen aus Kohlenstoff bei Tieren Erkrankungen auslösen können, die jenen von Asbestfasern ähnlich sind." (M 5, Z. 19–24)

Extra: Einen informativen Text überarbeiten

Du überarbeitest den informativen Text eines Schülers über Nanotechnologien in der Medizintechnik mithilfe der Anmerkungen einer Lehrkraft.

1 **a.** Lies den Text. Achte dabei auf die unterstrichenen Stellen.
   b. Überarbeite den informativen Text. Schreibe in dein Heft.
       Verbessere dabei alle angemerkten Fehler und Schwächen.

Korrekturzeichen:
Z = Zeichensetzungsfehler
R = Rechtschreibfehler
GR = Grammatikfehler

Nanotechnologie in der Medizintechnik

Der Begriff „Nano" bedeutet „Zwerg".   *Woher kommt der Begriff?*

In der Sprache der Wissenschaft bedeutet „Nano" ein Milliardstel.
Nanotechnologien beschreiben Strukturen, die zigtausendmal kleiner sind als

5 der Durchmesser eines menschlichen Haares.

Es werden grundlegende Zusammenhänge auf der Ebene der Moleküle und   *Wodurch?*
Atome erforscht. Neue Materialien mit vielversprechenden Eigenschaften   *Konjunktion „und"*
werden entwickelt.

Nanotechnologien werden aus Sicht der Bundesregierung als „Schlüssel-

10 technologien des 21. Jahrhunderts" betrachtet, die unsere „Eintrittskarten in
die Zukunft" darstellen (Dr. Annette Schavan).   *Wer ist das?*

Bereits heute leistet die Nanotechnologie wichtige Dienste in vielen Bereichen.

Anwendungsbeispiele in der Medizin

Nanopartikel sind nicht nur in Zahnpasta Fliesen Jacken oder Brillengläsern   *2 Z*

15 enthalten. Sie spielen auch in der Medizin eine immer grössere Rolle. Forscher   *R*
entwickeln neue Produkte und Verfahren, mit denen Krankheiten besser
bekämft werden können. Zwei Anwendungsbeispiele werden im Folgenden   *R*
genannt.

Gelenkimplantate   *Teilüberschriften richtig*
                                                                             zuordnen
20 In den letzten Jahren wurde ein neuartiges Verfahren entwickelt.
Das Verfahren dient zur lokalen Behandlung von Tumoren. Die Grundlage   *Wiederholung*
des Verfahrens bilden die eisenoxidhaltigen Nanopartikel, die zu Therapiebeginn direkt in den Tumor eingebracht werden. Die Nanopartikel werden
durch ein Magnetfeld in Schwingung versetzt, wodurch Wärme direkt im

25 Tumorgewebe entsteht. Dadurch werden die Tumorzellen entweder direkt
zerstört oder für eine begleitende Radio- oder Chemotherapie sensibilisiert.   *R*

Knochenersatzmaterial   *Erklären!*

Durch den demografischen Wandel nimmt die Lebenserwartung der
Menschen immer mehr zu. Dadurch steigt auch der Bedarf an Gelenk-

30 prothesen, wenn Gelenke ihre Funktionskräfte verlieren und ersetzt werden
müssen. Spezielle Nanobeschichtungen auf den Gelenkimplantaten verbessern
das Einwachsverhalten der Implantate.

Nanokrebstherapien

Ein neuartiges Knochenersatzmaterial („Ostim") entspricht in seiner chemi-

35 schen Zusammensetzung dem natürlichen Knochen. Das Knochenersatzmaterial steht Zahnärzten Implantologen Parodontologen Oralchirurgen und   *3 Z*
Mund-Kiefer-Gesichtschirurgen in den vielfältigen Indikationsbereichen   *2 Z*
der Knochenregeneration zur Verfügung. Ergebnisse aus diversen klinischen
Studien etwa in der Parodontologie, Implantologie und Mund-, Kiefer-,

40 Gesichtschirurgie liegen vor. Weitere werden derzeit durchgeführt, um das
Wissen um Ostim und seine Anwendung kontinuierlich zu erweitern.

Extra: Reflexion der eigenen Arbeit

Beschreibe deine erfolgreichen Strategien und deine Schwierigkeiten bei der Bearbeitung der Prüfungsaufgaben mithilfe der Aufgaben und Fragen.

1 Welcher Prüfungsteil ist dir besonders leichtgefallen – welcher nicht? Kreuze an.

1. Prüfungsteil ☐ sehr leicht ☐ leicht ☐ mittel ☐ schwer ☐ sehr schwer

2. Prüfungsteil ☐ sehr leicht ☐ leicht ☐ mittel ☐ schwer ☐ sehr schwer

3. Prüfungsteil ☐ sehr leicht ☐ leicht ☐ mittel ☐ schwer ☐ sehr schwer

2 Welche Aufgaben im Prüfungsteil „Leseverstehen" sind dir besonderes leicht- oder besonders schwergefallen?

_____

_____

_____

_____

3 Warum hast du dich für deine Wahlaufgabe entschieden? Begründe deine Wahl.

_____

_____

_____

_____

4 Wie bist du bei der Bearbeitung der Wahlaufgabe vorgegangen? Beschreibe.

_____

_____

_____

_____

5 Welcher Teil der Prüfung war für dich am leichtesten? Begründe deine Antwort.

_____

_____

_____

6 Wie hast du Aufgaben gelöst, die für dich besonders schwierig waren? Beschreibe, wie du beim Lösen von Problemen vorgegangen bist.

_____

_____

_____

_____

Prüfung: Schriftlich argumentieren

Die Prüfungsaufgaben zu den folgenden Materialien bestehen aus den drei Prüfungsteilen Leseverstehen, Schreibauftrag und Sprachwissen.

Im Rahmen eines Zeitungsprojekts nimmst du in einem Leserbrief zu dem folgenden Thema Stellung:
„Sollten alle Schülerinnen und Schüler nach der Schulzeit zu einem sozialen Jahr verpflichtet werden?"

1. Leseverstehen ➤ S. 40–41
2. Schreibauftrag ➤ S. 42–43
3. Sprachwissen ➤ S. 44–45

➤ Die Arbeitstechnik „Der Textknacker" findest du in der vorderen Klappe.

1 Lies beide Texte mithilfe des Textknackers.

Material 1
Aussetzung[1] der Wehrpflicht

Mit Wirkung zum 1. Juli 2011 wurde in Deutschland die Wehrpflicht ausgesetzt. Dadurch darf niemand mehr ohne seine Zustimmung zur Bundeswehr einberufen werden. Die Bundeswehr muss nun also um Freiwillige werben. Dadurch entfällt auch der Zivildienst, der einst den Wehrdienst ersetzen konnte, und wird zu einem freiwilligen Dienst.

Material 2
Soziales Jahr: Vom Recht zur Pflicht?

Das „soziale Pflichtjahr" soll vielleicht schon bald den Wehrdienst und den Zivildienst ablösen. Es kursieren viele Vorschläge zur Umsetzung, doch Mahner warnen: zu teuer,
5 **zu schwierig, zu undankbar.**

Nach der Aussetzung der allgemeinen Wehrpflicht und dem Wegfall des Zivildienstes fordern mehr und mehr Politiker ein soziales oder ökologisches Pflichtjahr für alle Schulabgänger. Gerade die

10 Arbeit im Pflegebereich könne nicht vom bestehenden Personal übernommen werden, denn rund 90 000 Hilfskräfte fallen durch den Wegfall des Zivildienstes aus.

Warum also sollten Jugendliche sich nicht für
15 einen begrenzten Zeitraum dem Gemeinwesen zur Verfügung stellen? Der Staat tut viel für Jugendliche – warum sollen sie der Gemeinschaft nicht etwas zurückgeben? Warum sollen künftige Betriebswirte oder Schreinerinnen nicht ein Jahr
20 lang Alte und Kranke betreuen, in Jugendeinrichtungen helfen oder auch Krötentunnel graben? „Die Gesellschaft wird ärmer, wenn junge Menschen von jeder Art von Herausforderungen, etwas für die Gesellschaft zu tun, verschont
25 bleiben", sagte der ehemalige hessische Ministerpräsident Roland Koch (CDU). Und Winfried Hassemer, ehemaliger Vizepräsident des Bundesverfassungsgerichts, unterstrich den Charme eines allgemeinen Pflichtdienstes, der das Problem der
30 doppelten Wehrungerechtigkeit endlich anpacke: Einerseits wurden zuletzt nur etwa 16 Prozent eines Jahrganges zur Bundeswehr eingezogen, andererseits blieben die Mädchen verschont.

---

1 die Aussetzung: eine Maßnahme, ein Gesetz oder eine Regelung wird auf bestimmte oder unbestimmte Zeit außer Kraft gesetzt. Der Unterschied zur „Abschaffung" besteht darin, dass eine ausgesetzte Maßnahme einfacher wieder eingesetzt werden kann, wenn es nötig ist.

Das soziale Pflichtjahr hingegen würde alle
35 Schulabgänger und beide Geschlechter
berücksichtigen.

Darüber hinaus sei ein soziales Jahr auch für die
Jugendlichen selbst ein attraktives Angebot. Die
jungen Menschen können bereichernde und prä-
40 gende Erfahrungen machen, praktische Lebens-
erfahrung sammeln und soziale Kompetenzen
erwerben, die ihnen die Schule nicht bieten kann.
Außerdem lässt sich so ein interessantes Berufs-
feld entdecken.

45 Gegner des sozialen Pflichtjahres hingegen verweisen auf das Grundgesetz. Nach Artikel 12 des
Grundgesetzes haben alle Deutschen „das Recht,
Beruf, Arbeitsplatz und Ausbildungsstätte frei zu
wählen". Außerdem dürfe niemand – von Notlagen
50 und Katastrophenfällen abgesehen – zu einer
bestimmten Arbeit gezwungen werden. Eine allgemeine Dienstpflicht wäre somit verfassungswidrig
und ein erheblicher Eingriff in die Freiheitsrechte
Jugendlicher. Dagegen betont Winfried Hassemer,
55 er sehe in einem Pflichtdienst für alle zwar „ein
verfassungsrechtliches Problem – aber kein
unüberwindbares". Wenn er politisch gewollt sei,
ließe er sich über eine einfache gesetzliche Regelung oder eine Verfassungsänderung einführen.
60 Verschiedene Verbände führen aber auch an, dass
sie ein Pflichtdienst strukturell überfordern würde.
500 000 bis 700 000 Pflichtdienstleistende müssten
irgendwo untergebracht werden – schon bei
200 000 dürften die einstmaligen Zivildienstträger
65 an ihre Grenzen stoßen.

Nach Meinung von Experten wie auch der Wohl-
fahrtsverbände, der Diakonie oder der Caritas
sollte deshalb lieber die Zahl der Plätze für Freiwilligendienste erhöht werden. Rund 30 000 junge
70 Menschen engagieren sich bereits heute in einem
freiwilligen sozialen Jahr (FSJ) oder dem freiwilligen ökologischen Jahr. Gerade ein freiwilliges
soziales Jahr im Ausland sei stark gefragt: Auf
jeden der derzeit etwa 3 500 Plätze kommen etwa
75 zehn Bewerber. Und selbst im Inland strafe die
Nachfrage nach Plätzen alle Lügen, die behaupten,
es brauche einen Pflichtdienst: Jedes Jahr gibt es
mehr Bewerber als freie Stellen. Dennoch wenden
sich die Kritiker gegen den Zwang: Gerade in
80 sensiblen Bereichen, wie beispielsweise bei der
Arbeit mit hilfs- oder pflegebedürftigen Patienten,
könne man keine unwilligen und frustrierten
Jugendlichen gebrauchen, die durch eine Arbeitsverpflichtung unmotiviert seien und mehr Ärger
85 verursachten als Hilfe anböten. Und schließlich
wird hervorgehoben, dass ein Pflichtjahr für alle zu
teuer sei. Denn es ist anzunehmen, dass ein junger
Erwachsener im sozialen Pflichtjahr etwa das
Gleiche kosten würde wie früher ein Wehr- oder
90 Zivildienstleistender; das sind ungefähr 15 000
Euro im Jahr. Selbst wenn von den geschätzten
800 000 jungen Männern und Frauen eines
Jahrgangs nur 500 000 neu untergebracht werden
müssten, wären das allein 7,5 Milliarden Euro
95 Lohnkosten. Der Vorsitzende der Zentralstelle für
Recht und Schutz der Kriegsdienstverweigerer aus
Gewissensgründen (KDV), Werner Glenewinkel,
kommt bei dieser Rechnung sogar auf rund zwölf
Milliarden Euro. „Besser wäre es, wenn die Bundes-
100 länder endlich mehr Geld für die Freiwilligendienste zur Verfügung stellten."

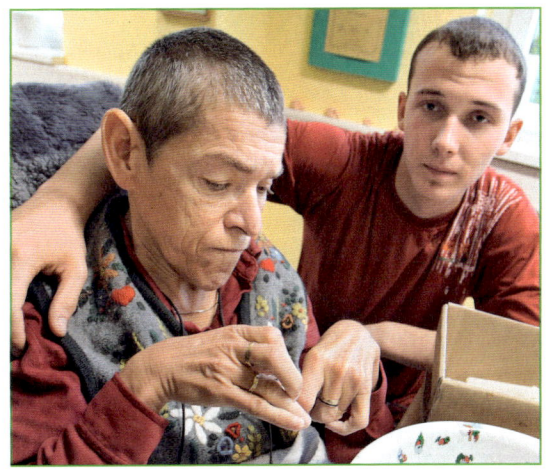

1. Prüfungsteil: Leseverstehen

1 Worum geht es in dem Text? Kreuze an.

- ☐ Gegenstand des Textes ist, dass die Wehrpflicht abgeschafft werden soll.
- ☐ In dem Text wird dafür plädiert, dass es mehr Pflegekräfte geben sollte.
- ☐ Es geht um die Frage, ob alle Jugendlichen zu einem sozialen Jahr verpflichtet werden sollten.

2 Welche der folgenden Aussagen stehen im Text? Welche nicht?
Kreuze an, ob die Aussagen zutreffen.

Stehen diese Aussagen im Text?	trifft zu	trifft nicht zu
a) Seit dem 1. Juli 2011 ist niemand mehr verpflichtet, einen Bundeswehrdienst zu absolvieren.	☐	☐
b) Im Pflegebereich gibt es Engpässe, weil die Zivildienstleistenden fehlen.	☐	☐
c) Roland Koch sprach sich gegen ein soziales Pflichtjahr aus.	☐	☐
d) Das soziale Pflichtjahr benachteiligt die Mädchen.	☐	☐
e) Statt ein Pflichtjahr zu absolvieren, sollten die Jugendlichen lieber interessante Berufsfelder entdecken.	☐	☐
f) Ein soziales Pflichtjahr erlaubt das Grundgesetz nicht.	☐	☐
g) Die verschiedenen Verbände könnten gar nicht so viele Jugendliche in ihren Einrichtungen unterbringen.	☐	☐
h) Für ein freiwilliges soziales Jahr gibt es mehr interessierte Jugendliche als Plätze.	☐	☐
i) Die meisten Jugendlichen sind unwillig und frustriert.	☐	☐
j) Ein soziales Pflichtjahr für alle Jugendlichen ist zu teuer.	☐	☐

3 Was versteht man unter dem „Gemeinwesen" (Z. 15)? Kreuze an.

Unter dem Gemeinwesen versteht man ...
- ☐ ... die Gesellschaft.
- ☐ ... die Arbeitgeber.
- ☐ ... die Altersheime.
- ☐ ... eine unfaire Situation.

4 Welche Vorteile haben Jugendliche von einem sozialen Jahr?
Notiere in Stichworten drei Dinge, die Jugendliche im sozialen Jahr lernen können.

_____

_____

_____

_____

5 Was sind „Zivildienstträger" (Z. 64)? Kreuze die passende Erklärung an.

Zivildienstträger sind ...
- ☐ ... Jugendliche, die ihren Zivildienst ableisten.
- ☐ ... eine Zentralstelle, die den Zivildienstleistenden ihr Gehalt auszahlt.
- ☐ ... Zivildienstleistende, die bereits einen Orden erhalten haben.
- ☐ ... Verbände und Organisationen, die Zivildienstleistende beschäftigen.

6 Erkläre mit eigenen Worten, inwieweit verschiedene Verbände durch den „Pflichtdienst strukturell überfordert" wären. (Z. 61)

_____

_____

_____

_____

7 Ergänze den folgenden Satz sinngemäß.

Trotz Personalmangels ist man gerade in Krankenhäusern
oder in der Altenpflege häufig gegen ein soziales Pflichtjahr, weil _____

_____

_____

8 Lies das folgende Zitat und erkläre mit eigenen Worten, warum Hassemer den Wehrdienst für doppelt ungerecht hält.

„Und Winfried Hassemer [...] unterstrich den Charme eines allgemeinen Pflichtdienstes, der das Problem der doppelten Wehrungerechtigkeit endlich anpacke: Einerseits wurden zuletzt nur etwa 16 Prozent eines Jahrganges zur Bundeswehr eingezogen, andererseits blieben die Mädchen verschont." (Z. 26–33)

_____

_____

_____

_____

9 Lies das folgende Zitat und erkläre mit eigenen Worten, was mit „sensiblen Bereichen" gemeint ist.

„Dennoch wenden sich die Kritiker gegen den Zwang: Gerade in sensiblen Bereichen, wie beispielsweise bei der Arbeit mit hilfs- oder pflegebedürftigen Patienten, könne man keine unwilligen und frustrierten Jugendlichen gebrauchen, die durch eine Arbeitsverpflichtung unmotiviert seien und mehr Ärger verursachten als Hilfe anböten." (Z. 78–85)

_____

_____

_____

10 Lies das folgende Zitat und kreuze an, durch welches Wort die markierte Redewendung ersetzt werden kann.

☐ bestätigt   ☐ widerlegt   ☐ wiederholt   ☐ betrügt

„Und selbst im Inland strafe die Nachfrage nach Plätzen alle Lügen, die behaupten, es brauche einen Pflichtdienst: Jedes Jahr gibt es mehr Bewerber als freie Stellen." (Z. 75–78)

2. Prüfungsteil: Der Schreibauftrag

Dein Arbeitsauftrag

Nach der Aussetzung der Wehrpflicht wird in den Medien das folgende Thema diskutiert:

„Sollten alle Schüler/-innen nach der Schulzeit zu einem sozialen Jahr verpflichtet werden?"

Die Redaktion eurer Schülerzeitung will diesem Thema die nächste Ausgabe widmen. Nimm in Form eines Leserbriefs zu dem Thema begründet Stellung. Beachte dabei die Form des offiziellen Briefes.

Deinen Leserbrief richtest du an die Adresse der Redaktion eurer Schülerzeitung.

Tipp:
Wenn dir die Bearbeitung des Schreibauftrags zu schwerfällt, nutze die Aufgaben auf den **Seiten 46 bis 47** zur Vorbereitung.

➤ Die Arbeitstechnik „Eine Argumentation schreiben" findest du vorne auf der inneren Umschlagseite.
Übungen zu dieser Arbeitstechnik
➤ S. 12–15

Du kannst für deine Schreibplanung die Aufgaben 1 bis 5 nutzen oder selbstständig auf eigenen Blättern arbeiten.

1 Plane deinen Text, bevor du den Leserbrief schreibst.   **das Schreiben planen**

  a. Welchen Standpunkt möchtest du zu der Diskussionsfrage vertreten? Kreuze an.

☐ Ich bin **für** ein soziales Pflichtjahr.   ☐ Ich bin **gegen** ein soziales Pflichtjahr.

  b. Notiere in der Tabelle **drei Argumente** für deinen Standpunkt.

  c. Ergänze zu deinen Argumenten jeweils ein **Beispiel**.

Nr.	Argumente	Beispiele

2 Gewichte deine Argumente in der Tabelle.
Nummeriere dazu die Argumente nach ihrer Wichtigkeit.

3 Notiere eine Gliederung für deinen Leserbrief.

    a. Ordne im Hauptteil Gegenargumente und eigene Argumente in einer sinnvollen Reihenfolge an. Notiere die Argumente in Stichworten.

    b. Notiere zu den Gegenargumenten deine Entkräftungen in Stichworten.

    c. Notiere Stichworte für die Einleitung und für den Schluss.

    Tipp: Du kannst dich an dem Beispiel vom Rand orientieren.

I. Einleitung:

Anlass des Leserbriefes, _____

II. Hauptteil:

1. _____

_____

_____

_____

_____

_____

_____

_____

_____

_____

_____

_____

III. Schluss: _____

_____

_____

_____

4 Notiere das stärkste Gegenargument.

_____

_____

_____

5 Entkräfte das Gegenargument.

_____

_____

_____

_____

3. Prüfungsteil: Sprachwissen

1 In welcher Zeitform ist der Text „Soziales Jahr: Vom Recht zur Pflicht?"
überwiegend verfasst? Kreuze an.

☐ Präsens ☐ Präteritum ☐ Perfekt ☐ Futur

2 Bestimme die Sätze in der folgenden Tabelle.
Ordne jedem Satz den richtigen Buchstaben zu.

a) = Hauptsatz **b)** = Satzreihe/Satzverbindung **c)** = Satzgefüge

„Die Gesellschaft wird ärmer, wenn junge Menschen von jeder Art von Herausforderungen, etwas für die Gesellschaft zu tun, verschont bleiben". (Z. 22–25)	
„Darüber hinaus sei ein soziales Jahr auch für die Jugendlichen selbst ein attraktives Angebot." (Z. 37–38)	
Junge Männer müssen keinen Wehr- oder Ersatzdienst mehr leisten, den kommenden Generationen wird eine Herausforderung vorenthalten und die Gesellschaft wird ärmer.	

3 Untersuche die Verbformen in dem folgenden Textausschnitt.

„Dagegen betont Winfried Hassemer, er sehe in einem Pflichtdienst für alle zwar ‚ein verfassungsrechtliches Problem – aber kein unüberwindbares'. Wenn er politisch gewollt sei, ließe er sich über eine einfache gesetzliche Regelung oder eine Verfassungsänderung einführen." (Z. 54–59)

a. Nenne den grammatischen Fachbegriff für die markierten Verbformen.

_____

b. Begründe, zu welchem Zweck diese besondere Verbform eingesetzt wird.

_____

_____

4 Formuliere das markierte Satzglied in einen Nebensatz um.

„Nach der Aussetzung der allgemeinen Wehrpflicht und dem Wegfall des Zivildienstes fordern mehr und mehr Politiker ein soziales oder ökologisches Pflichtjahr für alle Schulabgänger." (Z. 6–9)

_____

_____

_____

5 Setze die folgenden Sätze vom Aktiv ins Passiv.

„Der Staat tut viel für Jugendliche". (Z. 16–17)

_____

„Gegner des sozialen Pflichtjahres hingegen verweisen auf das Grundgesetz."
(Z. 45–46)

_____

6 Ordne die markierten Wörter den passenden Bestimmungen zu.
Tipp: Manchen Bestimmungen musst du mehrere Wörter zuordnen.

„Gerade in sensiblen Bereichen, wie beispielsweise bei der Arbeit mit hilfs- oder pflegebedürftigen Patienten, könne man keine unwilligen und frustrierten Jugendlichen gebrauchen, die durch eine Arbeitsverpflichtung unmotiviert seien und mehr Ärger verursachten als Hilfe anböten." (Z. 79–85)

Verbform (Konjunktiv II): _____

Verbform (Konjunktiv I): _____

Verbform (Infinitiv): _____

Relativpronomen: _____

Artikel: _____

Adjektiv: _____

Präposition: _____

Konjunktion: _____

7 Unterstreiche das vollständige Prädikat im folgenden Satz.

„Das soziale Pflichtjahr hingegen würde alle Schulabgänger und beide Geschlechter berücksichtigen." (Z. 34-36)

8 Erkläre die unterschiedliche Schreibung der s-Laute in den markierten Wörtern. Begründe die Schreibung jeweils in einem vollständigen Satz.

„Wenn er politisch gewollt sei, ließe er sich über eine einfache gesetzliche Regelung oder eine Verfassungsänderung einführen." (Z. 57–59)

ließe: _____

_____

Verfassung: _____

_____

9 Setze das fehlende Komma und begründe die Kommasetzung.

„Besser wäre es wenn die Bundesländer endlich mehr Geld für die Freiwilligendienste zur Verfügung stellten." (Z. 99–101)

_____

_____

10 Zu Beginn des zweiten Absatzes stehen drei Fragen, die nicht beantwortet werden. (Z. 14–21)
a. Wie nennt man diese Fragen?

_____

b. Warum wird dieses Stilmittel verwendet? Begründe deine Vermutung.

_____

_____

Extra: Hilfen zum 2. Prüfungsteil

Diese Aufgaben helfen dir bei der Bearbeitung des Schreibauftrags.　2. Schreibauftrag ➤ S. 42

1 Welche der folgenden Sätze kannst du als Argumente für oder gegen
ein soziales Pflichtjahr ausbauen? Welche Sätze sind dafür ungeeignet?
– Markiere Pro-Argumente (dafür) mit **Pro**.
– Markiere Kontra-Argumente (dagegen) mit **Kontra**.

a) Ein soziales Pflichtjahr ist zu teuer.	
b) Durch den Wegfall des Zivildienstes besteht in einigen Branchen Personalmangel.	
c) Jugendliche sollen sich auch einmal für die Gesellschaft engagieren.	
d) Viele Kritiker sprechen sich gegen ein soziales Pflichtjahr aus.	
e) Ein soziales Pflichtjahr bietet jungen Menschen wichtige Erfahrungen.	
f) Ohne eine Grundgesetzänderung ist ein soziales Pflichtjahr nicht möglich.	
g) Jegliche Verpflichtung wirkt sich negativ auf die Motivation aus.	
h) Auslandseinsätze im Rahmen des sozialen Jahres sind stark nachgefragt.	
i) Die Hilfsverbände können schon jetzt nicht alle Interessenten unterbringen.	
j) Man sollte mehr Geld für das soziale Jahr zur Verfügung stellen.	
k) Ein Pflichtdienst wäre eine Einschränkung der persönlichen Entfaltungsmöglichkeiten.	
l) In einem sozialen Pflichtjahr kann man die Vor- und Nachteile eines Berufsfeldes erkunden.	
m) Mädchen wurden nicht zum Dienst in der Bundeswehr verpflichtet.	
n) In einem sozialen Pflichtjahr lernen Jugendliche, auch einmal Verantwortung für andere zu übernehmen.	
o) Durch ein soziales Pflichtjahr würden im sozialen Bereich reguläre Arbeitsplätze abgebaut.	
p) Jugendliche könnten im sozialen Pflichtjahr Fähigkeiten erwerben, die sie in allen Berufen brauchen.	

2 Stelle dir vor, du wärst verpflichtet, ein soziales Jahr zu absolvieren.
Formuliere jeweils ein **Pro-** und ein **Kontra-Argument**.
Du kannst Anregungen aus Aufgabe 1 verwenden.

Pro: Ein soziales Pflichtjahr wäre gut für mich, weil _____

_____

_____

_____

Kontra: Ein soziales Pflichtjahr wäre nicht gut für mich, weil _____

_____

_____

_____

3 Entkräfte die folgenden Argumente.
Du kannst die Wörter und Wortgruppen vom Rand verwenden.

a) Ein soziales Pflichtjahr ist nicht möglich, weil es verfassungswidrig ist.

_____

_____

_____

b) Wir brauchen ein soziales Pflichtjahr, weil die Arbeit im Pflegebereich vom bestehenden Personal allein nicht geleistet werden kann.

_____

_____

_____

c) Ein soziales Pflichtjahr ist ein attraktives Angebot für die Jugendlichen.

_____

_____

_____

> Obwohl einige Leute meinen, dass …
> Trotz …
> Auch wenn …
> Zwar behaupten einige, dass …, aber …
> Einerseits befürchtet man, dass …, andererseits …

4 Notiere zu dem folgenden Argument drei Beispiele, die es veranschaulichen.

Ein soziales Jahr ist wichtig für die Jugendlichen, weil sie dort prägende Erfahrungen machen können.

1. _____

_____

2. _____

_____

3. _____

_____

5 Schreibe ein Argument auf, zu dem alle drei folgenden Beispiele passen.

1. Dieser junge Mann ist zum Beispiel an den Bewohnern in einem Altersheim interessiert, weil sie ihm interessante Geschichten erzählen können.
2. Diese junge Frau arbeitet in der Pflege kranker Kinder sehr motiviert, weil sie als Kind selbst einmal lange im Krankenhaus gewesen ist.
3. Die jungen Mitarbeiter, die im freiwilligen sozialen Jahr sind, schauen beim Feierabend noch nicht so genau auf die Uhr, weil sie noch keine Familie haben, die auf sie wartet.

_____

_____

_____

_____

_____

Extra: Textaussagen überarbeiten

In einem Chat wird über das soziale Pflichtjahr diskutiert.
Du überarbeitest Ausdruck, Grammatik und Rechtschreibung
der Beiträge.

1 **a.** Lies die Beiträge. Achte dabei auf die unterstrichenen Stellen.
   b. Überarbeite die Beiträge. Schreibe in dein Heft.
      – Verbessere dabei alle angemerkten Fehler und Schwächen.
      – Du kannst zusätzlich einzelne Sätze verständlicher formulieren.

Korrekturzeichen:
Z = Zeichensetzungsfehler
R = Rechtschreibfehler
GR = Grammatikfehler

animal: Kaum wird über das Ende der Wehrpflicht und des Ersatzdienstes
gesprochen, enddecken einige Politiker, das sich dadurch eine Lücke auftut.   *R, GR*
Die billigen Arbeitskrefte des Ersatzdienstes werden nicht mehr zur Verfügung   *R*
stehen.

5   **bojarXX:** Ich finde die Idee eines sozialen Pflichtjahr für alle garnicht so   *GR, R*
verkehrt. Mal abgesehen davon, dass dadurch die Kosten des Gesundheits-
wesens krass gesenkt werden könnten.   *A*

citronella: Ein soziales Pflichtjahr ist schon ganz cool und vor allem gerechter   *A*
wie die heutige Wehrpflicht. Der soziale Dienst würde jungen Leuten   *GR*
10 ausserdem auch ein Verständnis für soziale Verantwortung näherbringen.   *R*

destroja: Es gibt eine ganze Menge Menschen die man im Zug sieht, wenn   *Z*
sie am sonntagabend wieder in die Kaserne fahren. Ich möchte sie nicht   *R*
in der Nähe von Kranken, Behinderten, Alten und Kindern lassen. Ich habe   *GR*
schon voll oft welche gesehen, die ich für ein soziales Pflichtjahr für   *A*
15 ungeeignet halte.

3hr3nM4nn: Besonders lächerlich ist es, wenn son Blödsinn auch noch   *A*
als „Solidarität" zwischen den Generationen verkauft wird. Als müßten   *R*
die Jugendlichen in Zukunft alle einen Rentner mitfinanzieren und
zum dank auch noch Studiengebühren zahlen! Dürfen wir davon ausgehen,   *R*
20 dass dann als ausgleichender Ackt der „Solidarität" die Steuersätze für   *R*
über 65 jährige erhöht werden? Scharf finde ich den Hinweis, dass   *R, A*
ein soziales Jahr bei der Leerstellensuche positiv berücksichtigt werden soll.   *R*
So einen Quark habe ich noch nie gehört. Als ob die Unternehmen einen Azubi   *A*
einstellen würden der ein bis zwei Jahre älter ist als seine Mitbewerber.   *Z*

25 **f3hl3r03:** Unternehmen sind auf Gewinne ausgerichtet. Da gelten soziale
Belange einen Dreck. Einen Bewerber, der auch nur ein Jahr verloren hat,   *A*
stellen niemand mehr ein. Da muss man sich nur mal das Theater   *GR*
ansehen wenn jemand ein Semester mehr studirt hat. Die Personalchefs   *Z, R*
wollen überall nur die Besten der Besten – und das möglichst umsonst.

30 **gussi97:** Aber vieleicht möchte die Regierung die Unternehmen auch zwingen,   *R*
diese Bewerber beforzugt einzustellen. Ich glaube für das fällige Geld könnte   *R, Z*
man dann auch gleich ausgebildete Kranken- und Altenfleger einstellen. Da   *R*
gibt es mitlerweile auch genügend, die arbeitslos sind.   *R*

hoelli404: Ich bin der Meinung dass jeder Jugendliche sich zumindest   *Z*
35 einmal in seinen Leben sozial engagieren sollte! Die meisten tun sowas   *GR, A*
nämlich nicht von selbst, weil sie diese „Mir doch egal"-Mentalität haben.
Da sollte man zwischen Männlein und Weiblein auch kein Unterschied   *A, GR*
machen. Die allgemeine Wehrpflicht find ich sowieso Quatsch.   *GR, A*

Extra: Reflexion der eigenen Arbeit

Beschreibe deine erfolgreichen Strategien und deine Schwierigkeiten bei der Bearbeitung der Prüfungsaufgaben mithilfe der Aufgaben und Fragen.

1 Welcher Prüfungsteil ist dir leichtgefallen – welcher nicht? Kreuze an.

1. Prüfungsteil: ☐ sehr leicht ☐ leicht ☐ mittel ☐ schwer ☐ sehr schwer

2. Prüfungsteil: ☐ sehr leicht ☐ leicht ☐ mittel ☐ schwer ☐ sehr schwer

3. Prüfungsteil: ☐ sehr leicht ☐ leicht ☐ mittel ☐ schwer ☐ sehr schwer

2 Welche Aufgaben im Prüfungsteil „Leseverstehen" sind dir besonderes leicht- oder besonders schwergefallen? Nenne diese Aufgaben.

_____

_____

_____

_____

3 Was ist dir beim Lösen des Schreibauftrags schwergefallen? Kreuze an.

☐ Ich fand es nicht leicht, zu verstehen, was die Aufgabe von mir fordert.
Tipp: Die Arbeitstechnik „Prüfungsaufgaben verstehen" hilft dir.　➤ S. 20–23

☐ Ich hatte Probleme, die Kriterien eines offiziellen Briefes einzuhalten.
Tipp: Die Arbeitstechnik „Einen offiziellen Brief schreiben" hilft dir.　➤ hintere Klappe

☐ Ich fand es schwierig, Argumente und Beispiele zu finden.
Tipp: Die Arbeitstechnik „Eine Argumentation schreiben" hilft dir.　➤ S. 12–15

☐ Es fiel mir schwer, die Stellungnahme zu gliedern.
Tipp: Die Arbeitstechnik „Eine Argumentation schreiben" hilft dir.　➤ S. 12–15

☐ Ich bin mir oft unsicher, ob ich ein Wort richtig geschrieben habe.
Tipp: Das Kapitel „Rechtschreibung, Zeichensetzung" und die Seiten 　➤ S. 80–85
im „Wissenswerten auf einen Blick" helfen dir.　➤ S. 92–93

4 Welcher Prüfungsteil war für dich am leichtesten? Begründe deine Antwort.

_____

_____

_____

5 Wie hast du Aufgaben gelöst, die für dich besonders schwierig waren? Beschreibe, wie du beim Lösen von Problemen vorgegangen bist.

_____

_____

_____

Prüfung: Einen literarischen Text interpretieren

Die Prüfungsaufgaben zu der folgenden Kurzgeschichte bestehen aus den drei Prüfungsteilen Leseverstehen, Schreibauftrag und Sprachwissen.

1. Leseverstehen ➤ S. 53–55
2. Schreibauftrag ➤ S. 56–57
3. Sprachwissen ➤ S. 58–59

1 Lies die Kurzgeschichte mithilfe des Textknackers.

➤ Die Arbeitstechnik „Der Textknacker für literarische Texte" findest du in der vorderen Klappe.

Die ganze Nacht – Peter Stamm

Am späten Nachmittag hatte es angefangen zu schneien. Er war froh, dass er sich den Tag freigenommen hatte, denn der Schnee fiel sofort so dicht, dass er nach einer halben Stunde schon die Straßen bedeckte. Vor dem Haus sah er den Hausmeister den Gehweg kehren. Er trug eine Kapuze und führte auf
5 einer dunklen Insel einen vergeblichen Kampf gegen den stetig fallenden Schnee. Es war gut, dass er diesmal nicht zum Flughafen gefahren war, um sie abzuholen. Das letzte Mal hatte er ihr Blumen aus dem Automaten gekauft und sie dazu überredet, die lange Fahrt nach Manhattan mit der U-Bahn zu machen. Als sie dann vor einigen Tagen telefoniert hatten, meinte sie, es sei nicht nötig, dass er
10 sie abhole, sie werde ein Taxi nehmen.
Er stand am Fenster und schaute hinaus. Selbst wenn der Flug pünktlich war, würde sie frühestens in einer halben Stunde hier sein. Aber er war jetzt schon unruhig. Er verwarf Sätze, die er sich in den vergangenen Wochen zurechtgelegt und sich immer wieder vorgesagt hatte. Er wusste, dass sie eine Erklärung ver-
15 langen würde, und wusste, dass er keine hatte. Er hatte nie Erklärungen gehabt, aber er war sich immer sicher gewesen.
Eine Stunde später stand er wieder am Fenster. Es schneite noch immer, heftiger als zuvor, es war ein richtiger Schneesturm. Der Hausmeister hatte seinen Kampf aufgegeben. Alles war jetzt weiß, selbst die Luft schien weiß
20 zu sein oder vom hellen Grau der einsetzenden Dämmerung, das kaum zu unterscheiden war vom Weiß des fallenden Schnees. Die Autos fuhren langsam und mit großer Behutsamkeit. Die wenigen Fußgänger, die noch draußen waren, stemmten sich gegen den Wind.
Er schaltete den Fernseher ein. Auf allen lokalen Kanälen war vom Sturm die
25 Rede, und es war seltsam, dass man ihm schon einen Namen gegeben hatte, den alle Stationen kannten. In den Außenbezirken, hieß es, sei das Chaos noch größer als in der Innenstadt, und von der Küste kamen Meldungen über Hochwasser. Aber die Moderatoren, die man hinausgeschickt hatte und die, dick angezogen, in Mikrofone mit groteskem Windschutz sprachen, waren
30 guter Laune und warfen Schneebälle in die Luft und wurden nur ernst, wenn sie Sach- oder Personenschäden zu berichten hatten.
Er rief die Fluggesellschaft an. Der Flug, sagte man ihm, sei wegen des Schnee-sturms nach Boston[1] umgeleitet worden. Kaum hatte er aufgelegt, klingelte das Telefon. Sie rief aus Boston an, sagte, sie müsse gleich weiter. Es gäbe Gerüchte,
35 dass der Kennedy Airport[2] wieder offen sei. Vielleicht müssten sie aber auch in Boston übernachten. Sie sagte, sie freue sich auf ihn, und er sagte, sie solle auf sich aufpassen. Sie sagte, bis später, und legte sofort auf.
Draußen war es dunkel geworden. Der Schnee fiel unaufhörlich, er fiel und fiel, und außer einigen Taxis, die im Schritttempo fuhren, waren keine Autos mehr
40 zu sehen.

---

1 Boston: Stadt an der Ostküste der USA, ca. 300 km nordöstlich von New York
2 Kennedy Airport: ein Flughafen in New York östlich von Manhattan

Er hatte mit ihr essen gehen wollen, jetzt hatte er Hunger. Und es würde noch Stunden dauern, bis sie hier war. Im Kühlschrank gab es nur ein paar Dosen Bier, im Gefrierfach eine Flasche Wodka und Eiswürfel. Er dachte, dass er etwas einkaufen sollte. Sie würde bestimmt hungrig sein nach der langen Reise. Er zog

45 seinen warmen Mantel an und Gummistiefel. Er hatte keine anderen hohen Schuhe, die Stiefel hatte er kaum je getragen. Er nahm einen Schirm und ging nach draußen.

Der Schnee lag hoch, aber er war nicht schwer und ließ sich mit den Beinen leicht beiseitepflügen. Alle Geschäfte waren geschlossen, nur in wenigen hatte

50 sich das Personal die Mühe gemacht, auf einem improvisierten Schild den Grund für den frühen Ladenschluss zu nennen.

Er ging quer durch die Stadt. Die Lexington Avenue war schneebedeckt, auf der Park Avenue sah er in einiger Entfernung die orangefarbenen Blinklichter der Schneepflüge, die in einem Konvoi die Straße heraufkamen. Die Madison

55 und die Fifth Avenue waren irgendwann geräumt worden, aber sie waren schon wieder weiß. Hier musste er über hohe Schneewälle steigen. Er sank ein und der Schnee drang in seine Stiefel.

Über den Times Square lief ein Langläufer. Die Leuchtreklamen blinkten, als sei nichts geschehen. Die farbigen Bewegungen hatten etwas Gespenstisches in

60 der großen Stille. Er ging weiter, den Broadway hinauf. Kurz vor dem Columbus Circle sah er die beleuchteten Fenster eines Coffee Shops. Er war schon früher dort eingekehrt, der Geschäftsführer und die Kellner waren Griechen und das Essen war gut.

Im Lokal waren nur wenige Gäste. Die meisten saßen alleine an einem Tisch an

65 der Glasfront, die bis zum Boden reichte, tranken Kaffee oder Bier und schauten hinaus. Die Stimmung war festlich, niemand sprach, es war, als seien sie alle Zeugen eines Wunders.

Er setzte sich an einen Tisch und bestellte ein Bier und ein Club Sandwich[3].

---

3 Club Sandwich: mit Hühnerbrust, gebratenem Speck (Bacon), Kopfsalat und Majonäse belegter Sandwich aus meist drei Scheiben geröstetem Toastbrot mit Beilagen.

Der Schnee in seinen Stiefeln begann zu schmelzen. Als der Kellner das Bier

70 brachte, fragte er ihn, weshalb das Lokal noch offen sei. Sie hätten nicht mit so viel Schnee gerechnet, sagte der Kellner, und jetzt sei es zu spät. Die meisten von ihnen wohnten in Queens und dort hinauszukommen sei im Moment unmöglich. Da könnten sie das Lokal ebenso gut offen lassen. „Vielleicht die ganze Nacht", sagte der Kellner und lachte.

75 Der Weg zurück schien leichter zu sein, obwohl es immer noch schneite. Er hatte sich ein Sandwich für sie einpacken lassen und gemerkt, dass er nicht wusste, was sie mochte. Er hatte eins mit Schinken und Käse genommen. Keine Majonäse, keine Pickles, das wusste er noch. Sie hatte ihm eine Nachricht hinterlassen, auf dem Anrufbeantworter. Einen

80 Flug habe es nicht gegeben, jetzt sei Boston auch zu. Man bringe sie zum Bahnhof, von dort solle es einen Zug geben. Sie werde, wenn alles gut gehe, in vier Stunden in Manhattan sein. Der Anruf war vor einer Stunde gekommen. Er schaltete wieder den Fernseher ein. Ein Mann stand vor einer Karte und erklärte, dass der Sturm entlang der Küste nach Norden ziehe, er habe inzwi-

85 schen Boston erreicht. In New York sei das Schlimmste vorüber, sagte der Mann und lächelte, aber es werde wohl noch die ganze Nacht schneien. Er schaltete den Fernseher aus und trat wieder ans Fenster. Er dachte nicht mehr an seine Sätze, schaute nur noch hinaus auf die Straße. Er löschte das Deckenlicht und machte die Schreibtischlampe an. Dann kochte er Tee,

90 setzte sich aufs Sofa und las. Um Mitternacht ging er zu Bett. Als es klingelte, war es drei Uhr. Bevor er an der Tür war, klingelte es wieder. Er drückte auf den Türöffner und wartete einen Augenblick. Dann trat er, obwohl er nur in Shorts und T-Shirt war, hinaus auf den Flur und ging zum Aufzug. Es schien eine Ewigkeit zu dauern.

95 Natürlich wusste er, dass sie es war, aber er war doch erstaunt, als die Tür des Aufzugs sich öffnete und er sie vor sich stehen sah. Sie stand einfach nur da, neben ihrem großen roten Koffer, und wartete. Er trat auf sie zu. Als er sie küssen wollte, umarmte sie ihn. Die Tür des Aufzugs schloss sich in seinem Rücken. Sie sagte: „Ich bin so unglaublich müde." Er drückte auf den Knopf und die Tür

100 öffnete sich wieder. Sie teilten sich das Sandwich, und sie erzählte, wie der Zug auf halber Strecke im Schnee stecken geblieben sei, wie er Stunden so gestanden habe, bis endlich ein Pflug das Gleis freiräumte. „Natürlich hat niemand etwas gewusst", sagte sie. „Ich hatte Angst, dass wir

105 die ganze Nacht stehen würden. Wenigstens habe ich warme Kleider dabei." Er fragte, ob es immer noch schneie, schaute dann hinaus in die Nacht und sah, dass es fast aufgehört hatte. „Das Taxi hat mich an der Lexington ausgeladen", sagte sie. „Es konnte nicht in die Straße rein. Ich habe dem Fahrer zwanzig Dollar gegeben und gesagt,

110 bringen Sie mich hin, egal wie. Er hat den Koffer zu Fuß hinterhergeschleppt. Ein kleiner Pakistani. Ein netter Mann." Sie lachte. Sie hatten Wodka getrunken und er schenkte noch einmal ein. „Und?", sagte sie. „Was ist denn so Dringendes, worüber du mit mir sprechen willst?"

115 „Ich liebe den Schnee", sagte er. Er stand auf und trat ans Fenster. Der Schnee fiel nur noch in kleinen Flocken, die vom Himmel schwebten, manchmal aufstiegen, als seien sie leichter als Luft, und wieder sanken und im Weiß der Straße untergingen. „Ist es nicht wunderschön?"

120 Er drehte sich um und schaute sie lange an, wie sie dasaß und an ihrem Wodka nippte. Er sagte: „Ich bin froh, dass du da bist."

Info

Peter Stamm (geboren 1963) ist ein Schriftsteller aus dem deutschsprachigen Teil der Schweiz. Er ist wegen seiner Theaterstücke, Hörspiele, Romane, Erzählungen und Kurzgeschichten berühmt geworden, die oft von gewöhnlichen Menschen und ihren Beziehungen zueinander handeln.

1. Prüfungsteil: Leseverstehen

1 Über welchen Zeitraum erstreckt sich die Kurzgeschichte? Kreuze an.

Die Kurzgeschichte spielt in der Zeit …

☐ … vom späten Nachmittag bis ungefähr Mitternacht.
☐ … vom Abend bis zum nächsten Morgen.
☐ … vom späten Nachmittag bis 3 Uhr früh.
☐ … vom späten Nachmittag bis in die Morgenstunden.

2 Welche Beschreibung passt auf die Situation des Mannes? Kreuze an.

Zu Beginn der Kurzgeschichte ist der Mann …

☐ … froh, weil er Besuch erwartet.
☐ … ungeduldig, weil sich die Frau wegen des Schnees verspätet.
☐ … nervös, weil er nicht weiß, wie er sein bisheriges Verhalten erklären soll.
☐ … ärgerlich, weil er sich den Tag freinehmen musste.

3 Welchen Weg geht der Mann zum Restaurant?
a. Beschreibe seinen Weg mithilfe der Karte auf Seite 51.

_____

_____

_____

b. Zeichne den Weg des Mannes auf der Karte auf Seite 51 ein.

4 Aus welcher Stadt kommt die Frau? Kreuze an.

☐ New York   ☐ Die Angabe steht nicht im Text.
☐ Boston   ☐ Lexington

5 Wie reist die Frau zu dem Mann?
Beschreibe für jeden Teil ihrer Reise die Verkehrsmittel und die Hindernisse.

_____

_____

_____

_____

_____

6 Welche Hinweise gibt es im Text, dass der Mann und die Frau ein Paar sind
oder es früher einmal waren? Zitiere drei solcher Textstellen mit Zeilenangabe.

a) _____

_____ (Z. _____)

b) _____

_____ (Z. _____)

c) _____

_____ (Z. _____)

7 Eine Leserin schreibt: „In der Zeit, in der die Kurzgeschichte spielt, hat es offensichtlich noch keine Handys gegeben – jedenfalls hatte der Mann keines." Zitiere zwei Sätze aus einer Textstelle, die diese Aussage der Leserin belegen.

a) _____

_____ (Z. _____)

b) _____

_____ (Z. _____)

8 Warum geht der Mann zum Einkaufen? Kreuze an.

Der Mann geht zum Einkaufen in ein Lokal, weil …

☐ … er nur Wodka und Eis im Kühlschrank hat und lieber Tee trinken würde.

☐ … er Hunger hat und überlegt, dass sie bei der Ankunft hungrig sein wird.

☐ … er es langweilig findet zu warten und lieber die verschneite Stadt erkundet.

☐ … er einfach etwas tun muss, um das Warten aushalten zu können.

9 **a.** Wie hat sich der Mann bei früheren Besuchen der Frau verhalten? Beschreibe sein Verhalten in eigenen Worten. Gib die Zeilenangaben an.

_____

_____

_____

_____

b. Wie verhält sich der Mann dieses Mal? Beschreibe sein Verhalten in eigenen Worten. Gib die Zeilenangaben an.

_____

_____

_____

_____

10 Wie reagiert der Mann, als die Frau ankommt? Kreuze an.

Als die Frau endlich klingelt, ist der Mann …

☐ … ärgerlich, weil er nun extra aufstehen muss.

☐ … sehr froh, er zieht sich an und deckt den Tisch für sie.

☐ … ungläubig, weil er kaum glauben kann, dass sie wirklich da ist.

☐ … einfach nur müde und wünscht sich, dass sie gleich schlafen will.

11 Beschreibe das Verhalten der Frau nach ihrer Ankunft in eigenen Worten. Gib dazu die Zeilenangaben an.

_____

_____

_____

_____

12 **a.** Wie reagieren die Menschen in der Kurzgeschichte auf den Schneesturm?
Kreuze an.

☐ Fast alle Menschen ärgern sich über den Schneesturm und das Chaos.
☐ Die Menschen richten sich auf das Wetter ein. Einige sind erstaunt.
☐ Die Menschen haben Angst vor einer Katastrophe.
☐ Alle Menschen nutzen das Wetter für Wintersport in der Stadt.

b. Zitiere als Beleg für deine Auswahl eine passende Textstelle.

_____

_____ (Z. _____)

13 Wie bewegen sich die Menschen in Manhattan durch den Schneesturm?
Beschreibe alle im Text genannten Möglichkeiten der Fortbewegung.

_____

_____

_____

_____

14 Untersuche die Art und Weise, wie die Figuren charakterisiert werden.
Kreuze an, ob die Aussagen zutreffen oder nicht.

	trifft zu	trifft nicht zu
a) Die Figuren werden durch ihr Verhalten charakterisiert.	☐	☐
b) Das Äußere der Figuren wird sehr genau beschrieben.	☐	☐
c) Viele Sätze beginnen mit den Pronomen „er" oder „sie".	☐	☐
d) Zum Schluss wird über die Figuren nur als Paar gesprochen.	☐	☐

15 Untersuche die Darstellung von Kommunikation im Text.
Kreuze an, ob die Aussagen zutreffen oder nicht.

	trifft zu	trifft nicht zu
a) Alle Gespräche im Text stehen in der direkten Rede.	☐	☐
b) Der Text enthält lange und sehr dramatische Dialoge.	☐	☐
c) Direkte Rede wird vor allem am Schluss verwendet.	☐	☐
d) Der überwiegende Teil der Gespräche und Mitteilungen steht in indirekter Rede mit dem Konjunktiv.	☐	☐

16 Untersuche den Satzbau. Kreuze an, ob die Aussagen zutreffen oder nicht.

	trifft zu	trifft nicht zu
a) Es gibt lange, kompliziert verschachtelte Satzgefüge.	☐	☐
b) Sehr viele Nebensätze erklären das Geschehen genau.	☐	☐
c) Es werden vor allem Hauptsätze verwendet.	☐	☐
d) Es ist ein Telegrammstil. Oft fehlt das Prädikat.	☐	☐

17 Beschreibe in eigenen Worten, was am Ende der Kurzgeschichte passiert.

_____

_____

_____

_____

2. Prüfungsteil: Der Schreibauftrag

Im zweiten Prüfungsteil bearbeitest du einen Schreibauftrag.

Tipp: Wenn dir die Bearbeitung des Schreibauftrags zu schwerfällt, nutze die Aufgaben auf den Seiten 60 bis 61 zur Vorbereitung.

Dein Arbeitsauftrag

Interpretiere die Kurzgeschichte „Die ganze Nacht" von Peter Stamm. Berücksichtige dabei folgende Teilaufgaben.
- Nenne in der Einleitung Titel, Autor und Thema der Kurzgeschichte.
- Fasse den Inhalt der Kurzgeschichte kurz zusammen und stelle fest, aus welcher Perspektive erzählt wird.
- Weise die Merkmale einer Kurzgeschichte am Text nach.
- Charakterisiere die Hauptfigur und die zweite wichtige Figur.
- Stelle das Verhältnis zwischen der Hauptfigur und der zweiten Figur dar.
- Weise nach, welche Rolle das Wetter, die Verkehrsmittel und die Verkehrswege in dieser Kurzgeschichte spielen.
- Deute die Überschrift.
- Bewerte die Kurzgeschichte.

In der Prüfung sollst du oft etwas zu einem literarischen Text schreiben. Um dafür zu üben, kannst du eine der folgenden Aufgaben auswählen.

Dein Arbeitsauftrag

Schreibe zu „Die ganze Nacht" von Peter Stamm …
a) … einen Tagebucheintrag einer der beiden Figuren.
Tipp: Erzähle Ereignisse im Präteritum und schreibe Gedanken im Präsens.

b) … eine Parallelgeschichte aus der Sicht der Frau.
Tipp: Verwende Erzählweise und Zeitformen der Kurzgeschichte.

c) … ein anderes Ende ab Zeile 87 oder ab Zeile 99.
Tipp: Verwende Erzählweise und Zeitformen der Kurzgeschichte.

d) … eine Erörterung über das Verhalten des Mannes.
Tipp: Überlege, ob der Mann der Frau überzeugend zeigt, dass er sie liebt.

Du kannst für deine Schreibplanung die folgenden Aufgaben nutzen oder selbstständig auf eigenen Blättern arbeiten.

1 Welche Arbeitstechniken nutzt du für deine Aufgaben?
Schreibe jeweils die Namen der Arbeitstechnik(en) und die entsprechenden Seitenzahlen aus diesem Heft auf.

Arbeitstechniken nutzen

a) Für das Verständnis der Prüfungsaufgaben:

_____

b) Beim Lesen der Geschichte:

_____

c) Beim Gliedern und bei der Stoffsammlung:

_____

d) Beim Schreiben der Analyse der Kurzgeschichte:

_____

_____

2 Notiere Stichworte für die Einleitung deines Textes.
Was ist der Titel? Wer ist der Autor/die Autorin? Was ist das Thema?

Einleitung: _____

_____

_____

3 Notiere Stichworte für den Hauptteil deines Textes.

Hauptteil: _____

Was passiert in der Kurzgeschichte? _____

_____

_____

Welche Erzählperspektive liegt vor? _____

_____

Welche Merkmale einer Kurzgeschichte erkennst du? _____

_____

Wie ist die Hauptfigur charakterisiert? _____

_____

_____

Wie sind andere Figuren charakterisiert? _____

_____

Wie ist das Verhältnis der Figuren? _____

_____

Welche Bedeutung haben Bilder in der Kurzgeschichte (z. B.: das Wetter,

die Verkehrsmittel, Blumen usw.)? _____

_____

_____

Was hat die Überschrift mit der Kurzgeschichte zu tun? _____

_____

4 Notiere Stichworte für den Schluss deines Textes.
– Wie bewertest du die Kurzgeschichte?
– Welche Meinung hast du zu der Kurzgeschichte?

Schluss: _____

_____

_____

_____

3. Prüfungsteil: Sprachwissen

1 Im folgenden Zitat ist ein Nebensatz markiert.

„Der Schnee fiel unaufhörlich, er fiel und fiel, und außer einigen Taxis, die im Schritttempo fuhren, waren keine Autos mehr zu sehen." (Z. 38–40)

a. Um was für eine Art von Nebensatz handelt es sich? Kreuze an.

☐ Relativsatz   ☐ Konjunktionalsatz
☐ Satzgefüge   ☐ Konditionalsatz

b. Schreibe den markierten Nebensatz als Hauptsatz auf.

Außer einigen Taxis waren keine Autos mehr zu sehen. _____

_____

2 Im folgenden Zitat sind Wörter verschiedener Wortarten markiert.

„Er schaltete wieder den Fernseher ein. Ein Mann stand vor einer Karte und erklärte, dass der Sturm entlang der Küste nach Norden ziehe, er habe inzwischen Boston erreicht. In New York sei das Schlimmste vorüber, sagte der Mann und lächelte, aber es werde wohl noch die ganze Nacht schneien." (Z. 83–86)

a. Schreibe die markierten Wörter jeweils hinter die passende Wortart.

Adjektiv: _____   Präposition: _____

Nomen: _____   Artikel: _____

Verb: _____   Personalpronomen: _____

Konjunktion: _____   Adverb: _____

b. In welchem Fall steht der markierte Artikel? Kreuze an.
☐ Nominativ   ☐ Genitiv   ☐ Dativ   ☐ Akkusativ

c. Bilde den Infinitiv des markierten Verbs. _____

3 Um welche Wortart handelt es sich bei „aus" im folgenden Satz? Kreuze an.

„Er schaltete den Fernseher aus und trat wieder ans Fenster." (Z. 87)

☐ Artikel   ☐ Pronomen   ☐ Konjunktion   ☐ Teil des Verbs

4 **a.** Schreibe auf, wie die Zeitformen der markierten Verben heißen.

„Er wusste, dass sie eine Erklärung verlangen würde, und wusste, dass er keine hatte. Er hatte nie Erklärungen gehabt, aber er war sich immer sicher gewesen." (Z. 14–16)

wusste, hatte: _____

hatte gehabt, war gewesen: _____

b. Schreibe den zweiten Satz des Zitats im Präsens auf.

_____

_____

5 **a.** Wie nennt man die markierte Verbform im folgenden Zitat? Kreuze an.

„Der Flug, sagte man ihm, sei wegen des Schneesturms nach Boston umgeleitet worden." (Z. 32–33)

☐ Infinitiv ☐ Konjunktiv I ☐ Konjunktiv II ☐ Genitiv

b. Warum wird in dem zitierten Satz diese Verbform verwendet?
Verwende in deiner Antwort die passenden Fachbegriffe.

_____

_____

_____

_____

6 Gib die folgenden zwei Zitate in indirekter Rede wieder.
Verwende den **Konjunktiv I** oder die **Ersatzform** mit würde.

„Sie sagte: ‚Ich bin so unglaublich müde.'" (Z. 99)

_____

„‚Ich liebe den Schnee', sagte er." (Z. 115)

_____

7 Beschreibe das Wetter und seine Folgen als Bericht.
Gib dafür den folgenden Textauszug im Präsens wieder.

„Eine Stunde später stand er wieder am Fenster. Es schneite noch immer, heftiger als zuvor, es war ein richtiger Schneesturm. Der Hausmeister hatte seinen Kampf aufgegeben. Alles war jetzt weiß, selbst die Luft schien weiß zu sein oder vom hellen Grau der einsetzenden Dämmerung, das kaum zu unterscheiden war vom Weiß des fallenden Schnees." (Z. 17–21)

_____

_____

_____

_____

_____

_____

8 Bestimme im folgenden Satz die beiden markierten Objekte.
Schreibe die Fachbegriffe für diese beiden unterschiedlichen Objekte auf.

„Ich habe dem Fahrer zwanzig Dollar gegeben und gesagt, bringen Sie mich hin, egal wie." (Z. 109–110)

1. Objekt: _____

2. Objekt: _____

9 Erkläre die Bedeutung des folgenden Wortes.

Konvoi: _____

Extra: Hilfen zum 2. Prüfungsteil

Diese Aufgaben helfen dir bei der Bearbeitung deines Schreibauftrags.

Schreibauftrag ➤ S. 56

1 Bei der Zusammenfassung des Inhalts helfen dir die Handlungsbausteine. Beantworte die Fragen zu den Handlungsbausteinen in Stichworten.

a) Wer ist die Hauptfigur und in welcher Situation befindet sie sich?

_____

b) Welchen Wunsch hat die Hauptfigur? _____

_____

c) Welches Hindernis muss die Hauptfigur überwinden? _____

_____

d) Wie reagiert die Hauptfigur auf das Hindernis? _____

_____

e) Wie endet die Geschichte? _____

_____

2 Welche Merkmale hat eine Kurzgeschichte?
a. Ergänze im Text die Merkmale mit den passenden Wörtern vom Rand.

> vermittelt/unvermittelt, offen/geschlossen, Endpunkt/Wendepunkt, gering/groß, einmalig/alltäglich, kurz/lang

Merkmale einer Kurzgeschichte

Charakteristisch für eine Kurzgeschichte ist ein _____

Einstieg und es gibt meist nur eine _____ **Anzahl an**

Figuren. Obwohl eine Kurzgeschichte meist nur einen

_____ **Ausschnitt** aus einem _____

Geschehen erzählt, wird darin oft ein **entscheidender Moment**

(ein _____) im Leben der Hauptfigur dargestellt.

Typisch für die Kurzgeschichte ist ein _____ **Ende**.

b. Schreibe die sechs Merkmale in die linke Spalte der Tabelle.
c. Welche Merkmale treffen auf die Geschichte zu? Kreuze an.
    Begründe deine Auswahl in Stichworten.

Merkmal	trifft auf „Die ganze Nacht" zu, weil …
unvermittelter Einstieg	☒ *Hauptfigur nicht vorgestellt, keine Einführung*
	☐
	☐
	☐
	☐
	☐

3 Welche Angaben zu den Figuren sind eindeutig – was kannst du vermuten?

   a. Schreibe zu den Figuren alle Fakten aus dem Text in die Tabelle.
      Du kannst die Liste am Rand als Hilfsmittel verwenden.

   b. Schreibe deine Vermutungen und Fragen zu den Figuren auf.

Name,
Alter,
Aussehen,
Kleidung,
besondere Gegenstände,
Beruf,
finanzielle Lage,
Wohnort,
Gewohnheiten,
Art der Beziehung,
Dauer der Beziehung,
Verständigung

	Fakten	Vermutungen/offene Fragen
Hauptfigur (der Mann)		
die Frau		

4 Wie schätzt du das Verhältnis der beiden Figuren ein?

   a. Markiere in den folgenden Textstellen Angaben zu ihrem Verhältnis.

   b. Schreibe unter jeder Textstelle deine Idee zum Verhältnis der Figuren auf.

„Er wusste, dass sie eine Erklärung verlangen würde, und wusste, dass er keine hatte. Er hatte nie Erklärungen gehabt, aber er war sich immer sicher gewesen." (Z. 14–16)

„Sie sagte, sie freue sich auf ihn, und er sagte, sie solle auf sich aufpassen. Sie sagte, bis später, und legte sofort auf." (Z. 36–37)

„Er dachte, dass er etwas einkaufen sollte. Sie würde bestimmt hungrig sein nach der langen Reise. [...] Er hatte sich ein Sandwich für sie einpacken lassen und gemerkt, dass er nicht wusste, was sie mochte. Er hatte eins mit Schinken und Käse genommen. Keine Majonäse, keine Pickles, das wusste er noch." (Z. 43–44, 76–78)

„Sie stand einfach nur da, neben ihrem großen roten Koffer, und wartete. Er trat auf sie zu." (Z. 96–97)

5 Welche Bedeutung könnten diese Bilder in der Kurzgeschichte haben?
Schreibe zu jedem Bild eine Deutungsmöglichkeit auf.

Blumen aus dem Automaten: _____

_____

Verkehrsmittel: _____

_____

_____

Schnee: _____

_____

_____

Schneesturm: _____

_____

_____

6 Welche Bedeutung hat die Überschrift der Kurzgeschichte?
a. Schreibe aus dem Text zwei zur Überschrift passende Zitate auf.
Schreibe beim ersten Zitat dazu, was damit gemeint ist.

_____

_____

_____

b. Schreibe auf, was die Überschrift für die Reise der Frau bedeutet.

_____

_____

c. Schreibe auf, was die Überschrift für die Hauptfigur bedeutet.

_____

_____

7 Welche Meinung hast du zu der Kurzgeschichte?
a. Schreibe auf, was dir an dieser Geschichte gut gefällt.

_____

_____

_____

b. Schreibe auf, was dir an dieser Geschichte nicht gefällt.

_____

_____

_____

Extra: Reflexion der eigenen Arbeit

Beschreibe deine erfolgreichen Strategien und deine Schwierigkeiten bei der Bearbeitung der Prüfungsaufgaben mithilfe der Aufgaben und Fragen.

1 Welcher Prüfungsteil ist dir leichtgefallen – welcher nicht? Kreuze an.

1. Prüfungsteil: ☐ sehr leicht ☐ leicht ☐ mittel ☐ schwer ☐ sehr schwer

2. Prüfungsteil: ☐ sehr leicht ☐ leicht ☐ mittel ☐ schwer ☐ sehr schwer

3. Prüfungsteil: ☐ sehr leicht ☐ leicht ☐ mittel ☐ schwer ☐ sehr schwer

2 Welche Aufgaben im Prüfungsteil „Leseverstehen" sind dir besonderes leicht- oder besonders schwergefallen? Gibt es Aufgaben, die du nicht gut verstanden hast?

_____

_____

_____

_____

3 Wie bist du bei der Analyse des Prosatextes vorgegangen? Beschreibe.

_____

_____

_____

_____

4 Wie bist du bei der Bearbeitung der Schreibaufgabe vorgegangen? Beschreibe.

_____

_____

_____

_____

5 Welcher Teil der Prüfung war für dich am leichtesten? Begründe deine Antwort.

_____

_____

_____

6 Wie hast du Aufgaben gelöst, die für dich besonders schwierig waren? Beschreibe, wie du beim Lösen von Problemen vorgegangen bist.

_____

_____

_____

_____

Prüfung: Ein Gedicht interpretieren

Hilfen zu dieser Prüfungsaufgabe findest du auf den folgenden Seiten.

Dein Arbeitsauftrag

Schreibe eine Interpretation des Gedichts
„Ermutigung" von Wolf Biermann.
Bearbeite dabei folgende Teilaufgaben.
a) Untersuche das Gedicht inhaltlich und formal.
b) Beschreibe die sprachlichen Mittel des Textes
   und deren Wirkung auf die Leser.
c) Überprüfe deine Ergebnisse im Hinblick auf
   den zeitgeschichtlichen Hintergrund.
d) Nimm zu dem Gedicht Stellung. Frage dich:
   Wozu ermutigt mich das Gedicht von Wolf Biermann?
   Begründe deine Antwort!

Ermutigung – Wolf Biermann

Peter Huchel gewidmet

Du, lass dich nicht verhärten
In dieser harten Zeit
Die allzu hart sind, brechen
Die allzu spitz sind, stechen
5 Und brechen ab sogleich

Du, lass dich nicht verbittern
In dieser bittren Zeit
Die Herrschenden erzittern
– sitzt du erst hinter Gittern –
10 Doch nicht vor deinem Leid

Du, lass dich nicht erschrecken
In dieser Schreckenszeit
Das wolln sie doch bezwecken
Dass wir die Waffen strecken
15 Schon vor dem großen Streit

Du, lass dich nicht verbrauchen
Gebrauche deine Zeit
Du kannst nicht untertauchen
Du brauchst uns, und wir brauchen
20 Grad deine Heiterkeit!

Wir wolln es nicht verschweigen
In dieser Schweigezeit
Das Grün bricht aus den Zweigen
Wir wolln das allen zeigen
25 Dann wissen sie Bescheid   *(1968)*

Wolf Biermann kam 1936 in Hamburg zur Welt.
Sein Vater wurde 1943 in Auschwitz ermordet.
1953 siedelte Biermann in die DDR über. Seit 1960
veröffentlicht er Lieder und Gedichte. 1965 verhängte
der Staat ein totales Auftritts- und Publikationsverbot
gegen ihn. Er war danach der radikalste Kritiker der
Parteidiktatur in der DDR. 1976 wurde Biermann ausge-
bürgert und ging zurück nach Hamburg.

Info

Peter Huchel (1903–1981) war Lyriker und Chefredak-
teur der Ostberliner Literaturzeitung „Sinn und Form",
die über die Grenzen der DDR hinaus großes Ansehen
genoss. Huchel geriet immer wieder mit den offiziellen
5 Stellen der DDR in Konflikt und wurde 1962 zum
Rücktritt gezwungen. In den folgenden neun Jahren
lebte er, vom Staat überwacht und isoliert, in seinem
Haus in Wilhelmshorst bei Potsdam. Reisen waren ihm
untersagt, seine Post wurde beschlagnahmt. 1971
10 konnte Huchel endlich aus der DDR ausreisen.

Wolf Biermann über Peter Huchel
„Wir waren beide verboten, also brauchte es keinen
Mut, einander zu besuchen. Ich besuchte meistens
ihn, weit draußen vor Berlin, in Wilhelmshorst, eine
Weltreise ums eingemauerte, will sagen um das
15 ausgemauerte Westberlin rum. Huchel war schön alt,
ich schön jung, und so passten wir. Keine Dissi-
Konkurrenz[1], kein Literatenneid. Gegen ihn war ich
weder vorlaut noch kleinlaut. Er wusste es meistens
besser und war dennoch kein Besserwisser. Er war am
20 lebensbitteren Ende, ich am lebenshungrigen Anfang."

1 Dissi-Konkurrenz: Dissidenten-Konkurrenz unter denen,
die in der Öffentlichkeit gegen den sozialistischen Staat
auftraten

Extra: Hilfen zu deinem Arbeitsauftrag

Diese Aufgaben helfen dir bei der Bearbeitung deines Arbeitsauftrags.
Du beschäftigst dich mit dem Thema und der Form des Gedichts.

1 Lies das Gedicht mithilfe des Textknackers.

2 Schreibe deinen ersten Eindruck von Biermanns Gedicht auf.

_____

_____

_____

_____

3 Was verbindest du mit dem Begriff „Ermutigung" in der Überschrift
des Gedichts?
  a. Beschreibe, wie du dir eine Ermutigung vorstellst. Schreibe in dein Heft.
  b. Schreibe ein Akrostichon in dein Heft.
  Verwende Wörter, die zu deiner Vorstellung von Ermutigung passen.

4 Untersuche das lyrische Ich im Gedicht.
Beantworte dazu diese Fragen in deinem Heft:
Wer spricht? Wer wird angesprochen? Wie wird die Person angesprochen?
Tipp: Berücksichtige dabei die Widmung des Gedichts.

5 Wozu ermutigt der lyrische Sprecher den Angesprochenen im Einzelnen?
  a. Trage passende Zitate, nach Strophen geordnet, in eine Tabelle ein.
  Lege die Tabelle in deinem Heft an.
  b. Erkläre in eigenen Worten, wie du das Zitat verstehst.

Starthilfe

Strophe	Zitat (Zeilenangabe)	Bedeutung
1. Strophe	„Du, lass dich nicht verhärten" (Z.1)	die Aufforderung, nicht zu verbittern
2. Strophe	...	
...		

6 Worum geht es in dem Gedicht „Ermutigung"?
Fasse den Inhalt in eigenen Worten zusammen. Schreibe in ganzen Sätzen.

_____

_____

_____

_____

_____

7 Wie viele Strophen und Verse hat das Gedicht? Schreibe einen Satz auf.

_____

_____

8 Beschreibe das Reimschema des Gedichts. Schreibe in dein Heft.
Tipp: Vergleiche das Reimschema mit verwandten Reimschemata.

Du beschäftigst dich mit der sprachlichen Gestaltung des Gedichts.

9 Untersuche in den Strophen jeweils die ersten beiden Verse.
  a. Markiere die verwandten Wörter.
  b. Welche Wirkung wird mit diesem Wortspiel erzeugt?
  Schreibe in dein Heft.

> **Starthilfe**
>
> Du, lass dich nicht verhärten
> In dieser harten Zeit
> Die allzu hart sind, brechen
> ...

Du untersuchst die sprachlichen Bilder in dem Gedicht und berücksichtigst dabei den zeitgeschichtlichen Hintergrund.

10 Lies die drei Informationstexte am Rand auf Seite 64.

11 **a.** Über wen oder was wird in der ersten Strophe gesprochen? Kreuze an.

  ☐ Lanzen ☐ Menschen ☐ Bleistifte ☐ Schriftsteller

  b. Begründe deine Auswahl.

  _____

  _____

  _____

12 Erkläre die folgenden Begriffe oder Bilder aus dem Gedicht.

  „Die Herrschenden" (Z. 8) _____

  _____

  „hinter Gittern" (Z. 9) _____

  _____

  „Dass wir die Waffen strecken" (Z. 14) _____

  _____

  _____

13 Untersuche die letzte Strophe des Gedichts.
  a. Erläutere, welche Wirkung die Wir-Form in dieser Strophe hat.

  _____

  _____

  _____

  _____

  b. Erkläre die Aussage am Ende dieser Strophe.
  Mit dem ausbrechenden „Grün" (Z. 23) _____

  _____

  _____

  _____

Extra: Die Interpretation schreiben

Die Ergebnisse deiner Untersuchung stellst du in einem ausführlichen und zusammenhängenden Text dar. Dabei nutzt du die Arbeitstechnik „Eine Gedichtinterpretation schreiben".

➤ Die Arbeitstechnik „Eine Gedichtinterpretation schreiben" findest du in der hinteren Umschlagseite.

1 Schreibe die **Einleitung** für deine Interpretation auf.
Nenne dabei auch das Thema des Gedichts in einem Satz.
Du kannst die Wörter und Wortgruppen vom Rand verwenden.

> verfasst, handelt von,
> thematisiert,
> geht es um

2 Stelle im **Hauptteil** die Ergebnisse deiner Textuntersuchung dar.
Gehe dabei auf den Inhalt, die Form und den zeitgeschichtlichen Hintergrund des Gedichts ein.

a. Gib den Inhalt der Strophen in eigenen Worten wieder.
Schreibe in dein Heft.

> **Starthilfe**
> In der ersten Strophe des Gedichts „Ermutigung" …

b. Beschreibe die Form, den Sprecher, den Angesprochenen und die sprachlichen Bilder.
– Notiere deine Untersuchungsergebnisse in einer Tabelle in deinem Heft.
– Beschreibe die Wirkung der sprachlichen und formalen Mittel.
– Berücksichtige die Widmung des Gedichts.

Starthilfe

Formale und sprachliche Mittel	Beobachtung	Inhaltliche Bedeutung und Funktion
äußere Form	Überschrift, Widmung, 5 Strophen zu je 5 Versen, Reimschema …, Metrum …,	…
lyrisches Ich	…	…
angesprochene Person	…	…
sprachliche Bilder	…	…
…	…	…

c. Formuliere deine Untersuchungsergebnisse aus der Tabelle in einem zusammenhängenden Text.
Belege deine Aussagen mit Textstellen.
– Wende dabei die Regeln zum Zitieren an.
– Verbinde deine Beobachtungen und Deutungen mit geeigneten Überleitungen.
Du kannst die folgenden Wörter und Wortgruppen verwenden.

➤ Merkwissen zum Zitieren findest du in der hinteren Umschlagklappe.

> zentral ist …, dass   außerdem   darüber hinaus   weiterhin   anschließend
>   eine thematisch ähnliche Stelle findet sich   im Gegensatz dazu
> im Unterschied dazu   ganz anders an/in   abschließend   zusammenfassend
>   an mehreren Stellen im Text   unterstützt wird diese Deutung durch
> man kann diese Tatsache so deuten, dass   einerseits …, andererseits
>   wohingegen   inhaltlich entwickelt der Text   dabei steht im Vordergrund
> der Text ruft dazu auf   der Text verneint an dieser Stelle   richtet einen Appell

3 Fasse im **Schlussteil** deine Ergebnisse kurz zusammen und ergänze deine eigene Meinung zu dem Gedicht.

4 Schreibe die Gedichtinterpretation vollständig auf.
Du kannst den Computer nutzen.

Extra: Einen Text überarbeiten

Du überarbeitest Absätze aus verschiedenen Interpretationen
des Gedichts „Ermutigung" und schreibst sie auf. Du kannst zusätzliche
Belege einfügen. Die Kommentare am Rand helfen dir dabei.

1 Gib fehlende Informationen vollständig an und achte auf die Wortwahl.

Biermanns Gedicht „Ermutigung" von 68 mit Widmung fordert
einen Menschen dazu auf, sich von niemandem unterkriegen zu lassen.

es fehlen Angaben, Ausdruck!

2 Teile diese Informationen auf. Verwende einfache und verständliche Sätze.

Das Gedicht hat ein sehr gleichmäßiges Metrum, einen auftaktigen, dreihebigen Jambus, was vor allem den Grund haben mag, dass der Liedermacher
diesen Text zur Gitarre singen wollte, jedenfalls endet der zweite Reim in
jeder Strophe mit einer Hebung, die übrigen drei Verse aber jeweils mit
einer unbetonten Silbe.

Satzbau zu lang

3 Ergänze Angaben oder Belege, damit die Aussagen verständlich werden.

Das gleichmäßige Metrum wird an drei Stellen durch die verkürzte Verbfom
„wolln" erzwungen, vermutlich, damit sich der Text gut singen lässt. Durch
die umgangssprachliche Wortform bekommt das ernste Thema eine menschliche Note. Das gemeinsame „Wolln" zukünftiger Veränderungen macht es
erträglicher, in Opposition zu einem politischen System zu stehen, in dem
der „freie Wille" seiner Bürger weder vorgesehen noch erwünscht ist.

Nachweis fehlt

genaue Angaben fehlen

4 Überarbeite so, dass abwechslungsreich formulierte Sätze entstehen.

Inhaltlich entwickeln die fünf Strophen das Thema der Ermutigung
des Angesprochenen, der unter einer harten Zeit leidet.
Die erste Strophe ruft dazu auf, nicht hart zu werden, weil mit zu großer
Verhärtung die Gefahr des Zerbrechens einhergeht.
Die zweite Strophe ruft dazu auf, nicht zu verbittern, weil die Herrschenden
kein Problem damit hätten, wenn die angesprochene Person leidet.
Die dritte Strophe ruft dazu auf, nicht zu erschrecken, weil das ja gerade das
sei, was die Herrschenden sich wünschen. Die Herrschenden wollen, dass
die politischen Gegner schon vor einer Auseinandersetzung aufgeben.
Die vierte Strophe ruft dazu auf, sich nicht verbrauchen zu lassen oder
unterzutauchen, weil die angesprochene Person von anderen gebraucht wird.
Die letzte Strophe ruft dazu auf, die Hoffnung nicht zu verlieren und anderen
Menschen Hoffnung zu machen, dass eine Veränderung möglich ist.

*Wiederholung
von Satzstruktur
und Formulierung*

5 Vermeide die Ich-Form. Schreibe den Satz um.

Dass der Text uns Leser direkt anspricht („Du" in den Strophen 1 bis 4),
zeigt seine appellative Intention. Wegen der Widmung richtet sich der Appell
an Peter Huchel, aber ich fühle mich auch angesprochen.

„ich" vermeiden

6 Ergänze die fehlende Deutung zu dieser Beobachtung.

Die ersten vier Strophen beginnen mit „Du", die letzte dagegen mit „Wir".

Extra: Reflexion der eigenen Arbeit

Beschreibe deine erfolgreichen Strategien und deine Schwierigkeiten
bei der Bearbeitung deiner Prüfungsaufgabe mithilfe folgender Fragen.

1 Welcher Arbeitsschritt ist dir besonders leichtgefallen – welcher nicht?
Kreuze an.

das Lesen und Verstehen des Gedichts
☐ sehr leicht ☐ leicht ☐ mittel ☐ schwer ☐ sehr schwer

die Beschreibung der Form (Strophen, Reime, Reimschema, Metrum)
☐ sehr leicht ☐ leicht ☐ mittel ☐ schwer ☐ sehr schwer

die Beschreibung des Inhalts
☐ sehr leicht ☐ leicht ☐ mittel ☐ schwer ☐ sehr schwer

die Beschreibung und Deutung von sprachlichen Mitteln
☐ sehr leicht ☐ leicht ☐ mittel ☐ schwer ☐ sehr schwer

die Deutung (Interpretation) von Inhalt, Form und sprachlichen Mitteln
☐ sehr leicht ☐ leicht ☐ mittel ☐ schwer ☐ sehr schwer

2 Wie bist du beim Lesen des Gedichts vorgegangen? Beschreibe.

_____

_____

_____

_____

3 Wie bist du bei der Bearbeitung der Schreibaufgabe vorgegangen?
Beschreibe.

_____

_____

_____

_____

4 Welche Teilaufgabe war für dich am leichtesten? Begründe deine Antwort.

_____

_____

_____

_____

5 Wie hast du Aufgaben gelöst, die für dich besonders schwierig waren?
Beschreibe, wie du beim Lösen von Problemen vorgegangen bist.

_____

_____

_____

_____

Sprache in Beruf und Alltag

Bewerbungsschreiben verfassen

Du hast Bewerbungsschreiben oft geübt und kannst sie beurteilen.

1 Welche Angaben sollte dein Bewerbungsschreiben enthalten? Kreuze an.

- ☐ Angaben zur Person
- ☐ Angaben zu Schule und Klasse
- ☐ Angaben zum Schulabschluss
- ☐ Angaben zu Praktika
- ☐ Angaben von Ort und Datum
- ☐ Begründung für die Wahl des Ausbildungsbetriebs

- ☐ Aufzählung der Familienmitglieder
- ☐ Begründung für schlechte Noten
- ☐ Begründung des Berufswunsches
- ☐ Angabe des Betreffs
- ☐ Angabe aller Anlagen

> ➤ Die Arbeitstechnik „Ein Bewerbungsschreiben verfassen" findest du in der hinteren Klappe.

2 **a.** Lies die drei folgenden Bewerbungsschreiben aufmerksam.
b. Welche Fehler fallen dir auf? Notiere Stichworte am Rand.

Frankfurt, den 12. November 2012

Sehr geehrte Damen und Herren,

ich möchte mich bei Ihnen um einen Ausbildungsplatz als Einzelhandelskauffrau bewerben. Ich besuche zurzeit die Martin-von-Tours-Schule in Neustadt/Hessen und werde diese im Sommer 2013 mit einem Realschulabschluss verlassen. Ich habe während eines Praktikums im Kaufhaus Schwarz in Neustadt/Hessen Interesse an diesem Beruf gefunden. Ich würde mich über die Einladung zu einem Bewerbungsgespräch freuen.

Mit freundlichen Grüßen

Elena Blumenfeld

Anlagen: Lebenslauf, Zeugnis der Klasse 9, Praktikumszeugnis

Duisburg, den 10. November 2012

Ich bewerbe mich auf die Stelle bei Ihnen

Sehr geehrte Damen und Herren,

ich möchte mich mit diesem Schreiben um einen Ausbildungsplatz als zahnmedizinische Fachangestellte in Ihrer Praxis bewerben. Ich besuche zurzeit die 10. Realschulklasse der Martin-von-Tours-Schule in Neustadt/Hessen, die
5 ich im Sommer 2013 mit dem Realschulabschluss verlassen werde. Ich habe die verschiedenen Tätigkeiten und Abläufe in einem Fachgeschäft durch ein Berufspraktikum in der Bäckerei Neuer kennen gelernt. Ich konnte hier verschiedene Ideen, die ich als Übungsleiterin unseres Turnvereins gelernt habe, sehr gut einbringen. Ich schätze die Zusammenarbeit mit anderen Kollegen,
10 die an solch einer Arbeitsstelle wichtig ist, und bin auch in schwierigen Situationen belastbar. Ich shoppe in meiner Freizeit mit Freundinnen, frisiere sie gerne und interessiere mich für die neueste Mode. Ich besitze Fachkenntnisse in Deutsch, Mathe und Englisch. Ich würde mich über eine Einladung zu einem Bewerbungsgespräch sehr freuen.

Mit freundlichen Grüßen

Chantal Holzmann

Bewerbung auf den Ausbildungsplatz als Bürokaufmann

Sehr geehrte Damen und Herren,

hiermit möchte ich mich auf den auf Ihrer Internetseite ausgeschriebenen
Ausbildungsplatz als Bürokaufmann in der Gemeindeverwaltung bewerben.
Ich interessiere mich für diesen Beruf, weil ich die Organisation des
5 Gemeinwesens wichtig finde.

Zurzeit besuche ich die 10. Klasse der Martin-von-Tours-Schule in Neustadt/
Hessen, die ich im Sommer 2013 mit dem Realschulabschluss verlassen werde.
Durch ein Berufspraktikum bei der Stadt Kirchhain habe ich bereits die
Tätigkeitsgebiete eines Bürokaufmannes kennen gelernt. Dabei konnte ich
10 Kenntnisse aus meinem Wahlpflichtkurs „Textverarbeitung und Tabellenkalkulation" und meine Teamfähigkeit einbringen. Ich konnte auch zeigen,
dass ich in schwierigen Situationen belastbar bin. Ich besitze durch die
mehrjährige Tätigkeit als Kassenwart in unserem Turnverein TV Jahn Neustadt
Erfahrungen im Abrechnungswesen, im Schriftverkehr und bei Bestands-
15 erhebungen. Für neue Softwareprogramme interessiere ich mich stets.

Über die Einladung zu einem Bewerbungsgespräch würde ich mich freuen.

Mit freundlichen Grüßen

Celan Yildiz

_____
_____
_____
_____
_____
_____
_____
_____
_____
_____

3 Welchen Fehler machen zwei der Bewerber beim Formulieren ihrer Sätze?
Beschreibe den Fehler in einem Satz.

_____

_____

4 **a.** Markiere in den drei Bewerbungsschreiben die persönlichen und
fachlichen Stärken sowie die Interessen der Bewerber/-innen.
b. Welche der markierten Angaben qualifizieren für die angestrebte
Ausbildung – welche nicht? Streiche die nicht geeigneten Angaben durch.
c. Wer wird vermutlich zum Vorstellungsgespräch eingeladen und wer nicht?
Begründe deine Antworten. Schreibe in dein Heft.

5 Ordne den Berufen persönliche und fachliche Stärken vom Rand zu.

Einzelhandelskaufmann/-frau: _____

_____

_____

Bürokaufmann/-frau: _____

_____

_____

zahnmedizinische Fachangestellte: _____

_____

_____

> Erfahrung im Verkauf,
> Teamfähigkeit,
> Neigung zu Genauigkeit,
> einfühlsames Wesen,
> Textverarbeitungsprogramme
> und Tabellenkalkulationen
> beherrschen,
> Kenntnisse über Hygiene,
> Kenntnisse in Mathematik,
> freundlicher Umgang mit
> Kunden,
> gut in Rechtschreibung,
> kreative Ideen haben, z. B.
> für Schaufenstergestaltung,
> sorgfältig und geschickt,
> sicheres Schreiben am PC

Im Bewerbungsschreiben wirbst du für dich, indem du ein Profil deiner Fähigkeiten erstellst und deine Motivation für den Ausbildungsberuf und die Ausbildungsstelle begründest.

6 **a.** Ergänze in den folgenden Sätzen passende Begriffe vom Rand.
b. Markiere die Verben, die zu den eingesetzten Begriffen passen.

a) Bei einer Inventur, die wir gemeinsam bis zum Abend durchgeführt haben, konnte ich zeigen, dass _Belastbarkeit_ und _____ zu meinen Stärken gehören.

b) In der Kita habe ich mein _____ beim Umgang mit den Kindern unter Beweis stellen können.

c) Bei der Erfüllung meiner Aufgaben als Klassensprecherin zeige ich

_____.

d) Ich verfüge über gute _____ in der Textverarbeitung.

e) Meine _____ in Mathe haben die Vorgesetzten überzeugt.

f) Ein _____ im Umgang mit Kunden ist für mich selbstverständlich.

g) Während der Tätigkeit im Verkauf habe ich gelernt, _____ zu arbeiten.

h) Ich kenne die wichtigsten _____ der Hygieneverordnung für den Umgang mit Lebensmitteln.

i) Ich beherrsche die _____ aus dem Bewerbertraining souverän.

j) Im Praktikum habe ich _____ im Umgang mit Werkzeugen gesammelt.

k) Im Mai habe ich die _____ zur Streitschlichtung erworben.

l) Beim Dekorieren von Auslagen habe ich _____ bewiesen.

> Leistungen,
> Engagement,
> freundliches Auftreten,
> ~~Belastbarkeit,~~
> Kenntnisse,
> Qualifikation,
> Teamfähigkeit,
> Erfahrungen,
> Bestimmungen,
> kundenorientiert,
> Umgangsformen,
> Kreativität,
> Verantwortungs-
> bewusstsein

7 **a.** Welchen Ausbildungsberuf strebst du an? Schreibe in dein Heft. Hast du schon eine bestimmte Ausbildungsstelle im Blick? Schreibe sie dazu.
b. Warum willst du dich genau auf diesen Beruf oder diese Stelle bewerben? Begründe deine Motivation für den Ausbildungsberuf oder die Stelle.

8 Beschreibe deine eigenen Fähigkeiten und Stärken für ein Bewerbungsschreiben. Nimm Bezug auf deine Erfahrungen, zum Beispiel aus einem Praktikum. Schreibe in dein Heft.
Tipp: Verwende Begriffe, Verben und Formulierungen aus Aufgabe 6.

9 Schreibe dein vollständiges Bewerbungsschreiben auf ein Extrablatt. Berücksichtige dabei alle Anforderungen an einen offiziellen Brief.
Tipp: Du kannst auch mit dem Computer arbeiten.

➤ Die Arbeitstechniken „Ein Bewerbungsschreiben verfassen" und „Einen offiziellen Brief schreiben" findest du in der hinteren Klappe.

Z **10** Verbessere Elenas Bewerbungsschreiben von Seite 70.
Tipp: Beantworte zunächst in Stichworten die folgenden Fragen.
– Welche Fähigkeiten und Stärken sind für diesen Beruf wichtig?
– Welche Erfahrungen könnte Elena aus Praktika mitbringen?
– Welche Motivation könnte sie für diesen Ausbildungsplatz haben?

Einen tabellarischen Lebenslauf schreiben

Einen tabellarischen Lebenslauf schreibst du vollständig und ordentlich.
Du bringst möglichst viele Angaben unter, die zu dem gewählten Beruf
passen. Natürlich müssen alle Angaben der Wahrheit entsprechen.

1 Ergänze in dem Lebenslauf die Angaben und Daten vom Rand.

Lebenslauf

Persönliche Daten: _____

Name: _____

_____

_____

_____

_____

_____   Sergej Meier
                           Bahnhofstraße 14
                           60000 Frankfurt
                           18. Juli 1996

                           Schlüsselburg

_____

_____   Grundschule Westhafen

_____   Gesamtschule Sachsenhausen

_____   Realschulabschluss

_____   Englisch, Spanisch, Erdkunde

_____   Mitglied der Schülervertretung

_____

_____   Praktikum im Reisebüro „Fernweh"

_____

_____   Russisch, Englisch, Spanisch

_____   Betriebssysteme, Büroanwendungen

_____

_____   Fußball und Musik

Frankfurt, 24. September 2012   *Sergej Meier*

Angaben:
besondere Kenntnisse,
Schulbildung,
Geburtsort,
Lieblingsfächer,
praktische Erfahrungen,
Geburtsdatum,
außerschulische
Interessen,
~~persönliche Daten,~~
schulisches Engagement,
~~Name,~~
Adresse,
Sprachkenntnisse,
besondere Kenntnisse,
Computerkenntnisse,
Hobbys

Daten:
13.02. – 24.02. 2012
08/2003 – 07/2007
seit 2007
voraussichtlich 2013

2 Schreibe einen eigenen tabellarischen Lebenslauf.
   a. Schreibe dafür die Überschriften aus Sergejs Lebenslauf in dein Heft.
      Ergänze zu jedem Punkt deine passenden Angaben und Daten.
   b. Schreibe deinen Lebenslauf ordentlich auf ein Extrablatt.
      Tipp: Du kannst auch mit dem Computer arbeiten.

Sich per E-Mail bewerben

Für eine Bewerbung per E-Mail benötigst du die gleichen Unterlagen wie für eine Bewerbung per Post. Deine Bewerbungsunterlagen speicherst du dafür als PDF-Datei ab. Zusätzlich verfasst du ein Anschreiben als E-Mail.

1 Welche Anforderungen sollte eine Bewerbung per E-Mail erfüllen? Kreuze an.

- ☐ eine seriöse E-Mail-Adresse
- ☐ eine aussagekräftige Betreffzeile
- ☐ eine höfliche Anrede und eine Grußformel
- ☐ eine handschriftliche Unterschrift
- ☐ ein kurzes Anschreiben in der E-Mail
- ☐ die persönliche E-Mail-Adresse des zuständigen Ansprechpartners
- ☐ Die Funktion „Lesebestätigung" sollte ausgeschaltet sein.
- ☐ Die Bewerbungsunterlagen sollten als PDF-Datei beigefügt sein.
- ☐ Das aktuelle Datum sollte im Text der Mail stehen.
- ☐ Die eigene E-Mail-Adresse sollte im Text der Mail angegeben sein.

2 **a.** Lies die folgende E-Mail.
   b. Prüfe die E-Mail mithilfe der Anforderungen aus Aufgabe 1.
   – Streiche Sätze, die nicht in das Anschreiben gehören.
   – Markiere Textstellen, die geändert werden müssen.
   c. Verbessere die markierten Textstellen des E-Mail-Anschreibens.
   Schreibe den Betreff und den Text der E-Mail dafür in dein Heft.

An:	lennart.kraemer@kaufhaus-stegmann.com
Cc:	
Betreff:	**Will mich bewerben**
Anlage:	 Vivien-Reger-Bewerbung.pdf

Sehr geehrter Herr Krämer,

mit dieser E-Mail möchte ich mich in Ihrem Betrieb als Einzelhandelskauffrau bewerben. Ich bin auf die ausgeschriebene Stelle im Internet unter www.berufsfindung.de aufmerksam geworden. Da ich schon sehr viel Positives über Ihr Unternehmen gehört habe, würde ich gerne eine Ausbildung bei Ihnen beginnen. Meine vollständigen Bewerbungsunterlagen habe ich dieser Mail als PDF-Datei beigefügt. Ich bin 1995 in Momberg geboren und in Treysa zur Schule gegangen. Bitte bestätigen Sie den Erhalt dieser E-Mail.
Meine E-Mail-Adresse lautet: Sternenkriegerin@aol.de

Mit freundlichen Grüßen
Vivien Reger

3 Was sollte Vivien Reger noch tun, bevor sie Bewerbungen per E-Mail verschickt? Schreibe einen Ratschlag für sie in dein Heft.

4 Schreibe ein eigenes Anschreiben für eine Bewerbung per E-Mail.
Beziehe dich dabei auf deinen Ausbildungswunsch und deine eigenen Daten.
Tipp: Du kannst auch mit dem Computer arbeiten.

Ein Bewerbungsschreiben überarbeiten

1 **a.** Überprüfe das Bewerbungsschreiben mithilfe der Checkliste unten.
   Notiere deine Anmerkungen am Rand.
   b. Überarbeite das Bewerbungsschreiben. Schreibe in dein Heft.
   Tipp: Du kannst auch mit dem Computer arbeiten.

An das
Bankhaus Meyer-Höhnstein
Herrn Baumann
Hofgasse 25
35043 Arnstein

Thomas Meier
Kirchstr. 28
35134 Baumhausen

Baumhausen, 03. 12. 2012

Betrifft Bew. zum Bankkaufm.

Sehr geehrte Herren und Damen,

mein Name ist Thomas Meier und ich gehe in die 10. Realschulklasse der
Martin-Luther-Schule in Baumhausen. Diese werde ich voraussichtlich mit
dem Realschulabschluss im Sommer 2013 abschließen.

5 Danach würde ich gerne eine Ausbildung zum Bankkaufmann beginnen.
Aus diesem Grund möchte ich mich in Ihrem Bankhaus bewerben. Ich habe
im Laufe meines Lebens zwei Praktika in verschiedenen Bankhäusern
absolviert. Dabei habe ich verschiedene Tätigkeiten des Bankkaufmanns
kennen gelernt. Ich habe gute Sprachkenntnisse in Englisch und Deutsch und
10 bin außerdem fast ein richtiger Computerfreak. Speziell mit den üblichen
Betriebssystemen und Programmen kann ich gut arbeiten. In meiner Freizeit
treibe ich viel Sport und lese gern.

Ich würde mich über eine Einladung zum Bewerbungsgespräch freuen und
verbleibe

15 mit freundlichen Grüßen

Ihr *Thomas Meier*

Checkliste: Ein Bewerbungsschreiben verfassen	ja	nein
Habe ich die **Adressen** vollständig und richtig geschrieben?	☐	☐
Habe ich meine **Telefonnummer** und das **Datum** angegeben?	☐	☐
Habe ich im **Betreff** mein **Anliegen** kurz genannt?	☐	☐
Habe ich eine geeignete **Anrede** und **Grußformel** verwendet?	☐	☐
Habe ich im Hauptteil Angaben zu **Person, Schule, Klasse, Schulabschluss** und **Praktika** im Ausbildungsberuf gemacht?	☐	☐
Habe ich **Berufswunsch** und Wahl des **Ausbildungsbetriebs begründet?**	☐	☐
Habe ich geschrieben, **woher** ich von dem Ausbildungsplatz weiß?	☐	☐
Habe ich meine **Fähigkeiten** und **Stärken** glaubwürdig genannt?	☐	☐
Habe ich **gut formuliert** und **Umgangssprache vermieden?**	☐	☐
Habe ich auf eine **ansprechende äußere Form** geachtet?	☐	☐
Habe ich den Brief **unterschrieben** und **Anlagen** aufgeführt?	☐	☐

Für Einstellungstests üben

Viele Betriebe begnügen sich nicht mit den Zeugnissen der Bewerber, sondern überprüfen selbst das Grundwissen in schriftlichen Prüfungen. Oft werden Rechtschreibkenntnisse überprüft und Wissensfragen gestellt.

1 Suche aus folgenden Wörtern die richtige Schreibweise heraus.
Kreuze die richtig geschriebenen Wörter an.

☐ Bushaltestelle	☐ anschließent	☐ Fernseen	☐ turchlesen
☐ Busshaltestelle	☐ anschliessend	☐ Fehrnsehen	☐ durschlesen
☐ Bushaldestelle	☐ anschlißend	☐ Fernsehen	☐ durchleesen
☐ Bushaltestele	☐ anschließend	☐ Fehnsehen	☐ durchlesen

2 Setze in den Lückentext passende Wörter vom Rand ein.

Im Schulunterricht werden nicht nur traditionelle

_____ wie Schulbücher oder die gute alte

_____ , sondern auch neue Medien eingesetzt.

Zu diesen neuen Medien gehören zum Beispiel der Computer mit

_____ und das _____ .

Allerdings bleiben das Schulbuch und das _____

die wichtigsten Hilfsmittel in der Schule.

> Smartboard,
> Materialien,
> Internetanschluss,
> Schreibheft,
> Wandtafel

3 **a.** Sind die Wörter richtig oder falsch geschrieben? Kreuze an.
b. Schreibe die falsch geschriebenen Wörter richtig auf die Linien.

	falsch	richtig
Lastwagen	☐	☐
Vortbildung	☐	☐
Ausbildungsverdrag	☐	☐
Bewerbungsschreiben	☐	☐
Zeugnis	☐	☐
Diktad	☐	☐

_____

_____

_____

4 Beantworte die folgenden Fragen zum Allgemeinwissen.

a) Wer ernennt in der Bundesrepublik die Bundesminister?

_____

b) Wo haben die Vereinten Nationen (UN) ihren Sitz?

_____

c) Wie nennt man den Preis für ver- oder entliehenes Geld?

_____

d) Welches Meer liegt zwischen Europa und Afrika?

_____

e) Wie heißt die Hauptstadt von Baden-Württemberg?

_____

f) Welche neun Nachbarstaaten umgeben Deutschland?

_____

_____

Einen Vertragstext verstehen

Du willst ein eigenes Girokonto eröffnen. Dafür musst du das Vertragsformular der Bank lesen und ausfüllen.

Vertrag Privatgirokonto	Bankhaus Wallander Kontogasse 19 54321 Kreditberg Ust-IDNr. DE123456789	
Personennummer:	**Bankleitzahl:** 87654321	**Kontonummer:**
Girokontoinhaber (Angaben zur Person und Anschrift):	**Geburtsdatum/Geburtsort:**	
	Beruf/Branche/berufliche Stellung:	
	☐ nicht selbstständig ☐ selbstständig	
	Staatsangehörigkeit:	Aufenthalt bei Gebietsfremden:

Gesetzlicher Vertreter des Kontoinhabers
(bei Geschäftsunfähigen und beschränkt Geschäftsfähigen mit angeben):

Folgende Vereinbarungen werden zwischen dem Bankhaus Wallander und der Kontoinhaberin/dem Kontoinhaber/den Kontoinhabern getroffen:

1. Laufzeiten und Kündigung
Der Kontoinhaber kann den Girovertrag ohne Einhaltung einer bestimmten Frist zum Ende eines jeweiligen Kalendermonats kündigen. Das Bankhaus hat eine Kündigungsfrist von drei Monaten. Das Recht zur fristlosen Kündigung aus wichtigem Grund bleibt bestehen.

2. Kontovollmacht
Der Kontoinhaber und die in dem Vertrag genannten bevollmächtigten Personen sind befugt, über das Kontoguthaben und einen von der Bank eingeräumten Kreditrahmen zu verfügen. Bei einer entsprechenden Duldung durch das Bankhaus können sie das Konto darüber hinaus durch eine geduldete Kontoüberziehung in Anspruch nehmen. Allerdings muss diese in einem der Kontoverbindung angemessenen Rahmen bleiben. Die Vollmacht schließt das Recht ein, für die Kontoinhaber Kontoauszüge, Kontoabrechnungen und sonstige Schriftstücke, das Konto betreffend, entgegenzunehmen, zu prüfen und anzuerkennen. Bei mehreren Kontoinhabern kann eine Vollmacht nur von allen Kontoinhabern gemeinschaftlich erteilt werden. Die Vollmacht kann von allen Kontoinhabern jederzeit bei der Bank schriftlich widerrufen werden.

3. Geduldete Überziehung des Girokontos und deren Folgen
Sofern das Konto über eine eingeräumte Kreditsumme hinaus oder ohne eine Kreditvereinbarung in Anspruch genommen wird und die Bank diese Überziehung duldet (geduldete Überziehung), wird für den Betrag der geduldeten Überziehung ein veränderlicher Sollzinssatz in Rechnung gestellt. Die Höhe dieses Sollzinssatzes beträgt zurzeit 18,10 % pro Jahr. Die Bank wird den veränderlichen Sollzinssatz entsprechend den Änderungen des Zinssatzes EONIA anpassen. Kontoinhaber werden zum Rechnungsabschluss per Kontoauszug über den Sollzinssatz informiert.

4. Übermittlung von Daten an die Schufa
Der Kontoinhaber willigt ein, dass das Bankhaus Wallander der Schufa Holding AG, Kormoranweg 5, 65201 Wiesbaden, Daten über die Beantragung, die Durchführung und die Beendigung der Kontoverbindung übermittelt. Zusätzlich wird das Bankhaus Wallander der Schufa auch Daten über seine gegen den Kontoinhaber bestehenden Forderungen übermitteln. Nach dem Bundesdatenschutzgesetz (§ 28 a Absatz 1 Satz 1) ist dies erlaubt, wenn die geschuldete Leistung trotz Fälligkeit nicht erbracht wird. Weitere Fälle, in denen die Übermittlung von Daten an die Schufa erlaubt ist, können den **allgemeinen Geschäftsbedingungen** entnommen werden. Zusätzlich darf das Bankhaus Wallander Daten über Konten- oder Kreditkartenmissbrauch sowie betrügerisches Verhalten an die Schufa übermitteln. Der Kontoinhaber befreit das Bankhaus Wallander vom Bankgeheimnis. Die Schufa speichert die Daten und nutzt diese zur Errechnung eines Wahrscheinlichkeitswertes auf Grundlage des Schufa-Datenbestandes zur Beurteilung des Kreditrisikos.

5. Gesetzliche Mitwirkungspflicht des Kontoinhabers

Der Kontoinhaber ist verpflichtet, im Laufe der Geschäftsbeziehung sich ergebende Änderungen der angegebenen Daten unverzüglich mitzuteilen.

6. Kontoauszüge/Rechnungsabschlüsse zum Girokonto (Vertragsgegenstand) sollen wie folgt übermittelt werden:

☐ **Abholung:** ☐ Kontoausdrucker ☐ Briefschließfach ☐ Geschäftsstelle

☐ **Versand per Post**

☐ **Versand der Kontoauszüge:** ☐ täglich ☐ wöchentlich ☐ 14- täglich
☐ monatlich

☐ Die Kontoauszüge sollen abweichend von der Anschrift des/der Kontoinhaber/-s/-in wie folgt versendet werden:

Name und Anschrift _____

☐ **elektronisch im Onlinebanking** ☐ **elektronisches Postfach**

Rechnungsabschlüsse werden durch das Bankhaus Wallander erteilt.

Das Bankhaus Wallander unterrichtet den/die Kontoinhaber/-in monatlich mindestens einmal über die Ausführung von Zahlungsvorgängen auf dem für die Kontoauszüge vereinbarten Weg.

7. Gerichtsstand

Soweit sich die Zuständigkeit des allgemeinen Gerichtsstandes des Bankhauses Wallander nicht bereits aus § 29 ZPO ergibt, kann das Bankhaus seine Ansprüche an seinem allgemeinen Gerichtsstand verfolgen, wenn der den Klageweg in Anspruch nehmende Kontoinhaber Kaufmann oder eine juristische Person im Sinne der Nr. 6 der allgemeinen Geschäftsbedingungen des Bankhauses ist oder bei Vertragsabschluss keinen allgemeinen Gerichtsstand im Inland hat oder später seinen Wohnsitz oder gewöhnlichen Aufenthaltsort aus der Bundesrepublik Deutschland verlegt oder sein Wohnsitz oder gewöhnlicher Aufenthalt zum Zeitpunkt der Anklage nicht bekannt ist.

8. Allgemeine Geschäftsbedingungen

Die derzeit geltenden allgemeinen Geschäftsbedingungen des Bankhauses Wallander sind Bestandteil dieses Vertrages und aller sich daraus ergebenden Geschäftsverbindungen. Für einzelne Geschäftsbeziehungen gelten besondere Bedingungen, zum Beispiel für den Überweisungsverkehr, für das Lastschriftverfahren, für die Kundenkarte oder für Wertpapiergeschäfte. **Die allgemeinen Geschäftsbedingungen können im Bankhaus eingesehen werden und werden auf Wunsch zur Verfügung gestellt.**

9. Widerspruch gegen Werbung

Der/die Kontoinhaber/-in kann bzw. können jederzeit der Verwendung seiner/ihrer Daten zu Werbezwecken widersprechen.

10. Angaben zum wirtschaftlich Berechtigten (§ 3 Abs. 1 Nr. 3 GwG [1])

Der/die Kontoinhaber/-in handelt bzw. handeln im eigenen wirtschaftlichen Interesse und nicht auf fremde Veranlassung (insbesondere eines Treugebers):

☐ Ja ☐ Nein
Wirtschaftlich Berechtigter: Der/die Kontoinhaber/-in handelt bzw. handeln auf Veranlassung und im wirtschaftlichen Interesse der nachfolgend aufgeführten natürlichen Person:

Name und Vorname(n), Anschrift	
Ort, Datum	**Unterschrift**

[1] GwG: Gesetz über das Aufspüren von Gewinnen aus schweren Straftaten

---

1 **a.** Lies den oberen Abschnitt des Formulars auf Seite 77.

b. Beantworte die Fragen in Stichworten. Du kannst ein Lexikon verwenden.

a) Was ist ein Privatgirokonto? _____

b) Was bedeutet „nicht selbstständig" und „selbstständig"? _____

_____

c) Wer ist dein gesetzlicher Vertreter? _____

_____

2 Fülle den oberen Abschnitt des Vertrages auf Seite 77 aus.

3 **a.** Lies den Abschnitt 1 „Laufzeiten und Kündigung" auf Seite 77.
   b. Beantworte die Fragen in Stichworten.

   a) Wie schnell kannst du das Konto bei dem Bankhaus kündigen? _____

   _____

   b) Wie schnell kann das Bankhaus dein Konto normalerweise kündigen?

   _____

   c) Unter welchen Bedingungen kann die Bank das Konto kurzfristig kündigen?

   _____

   d) Erkläre den Begriff „fristlose Kündigung". _____

   _____

4 **a.** Lies Abschnitt 2 „Kontovollmacht".
   b. Erkläre die folgenden Begriffe.

   Kontovollmacht: _____

   geduldete Kontoüberziehung: _____

   Kreditrahmen: _____

   Kontoguthaben: _____

5 **a.** Lies Abschnitt 3 „Geduldete Überziehung des Girokontos und
       deren Folgen".
   b. Verbinde die Erklärungen mit den richtigen Begriffen vom Rand.

   Geldsumme, die oberhalb des vertraglich vereinbarten Kontolimits liegt

   Termin, an dem die Kosten für das Girokonto fällig werden

   bestimmte Geldsumme, die die Bank den Kunden leiht

   Zinsen, die berechnet werden, wenn das Konto überzogen wird

die Kreditsumme
der Sollzinssatz
der Rechnungsabschluss
die Überziehung

6 **a.** Lies Abschnitt 4 „Übermittlung von Daten an die Schufa".
   b. Worum handelt es sich bei der Schufa? Du kannst ein Lexikon verwenden.
       Beschreibe die Institution Schufa in eigenen Worten.

   _____

   _____

   _____

7 Was müssen Kunden angeben, wenn sie unter Abschnitt 10 „Nein"
   ankreuzen?

   _____

   _____

8 **a.** Fülle den Vertrag vollständig aus.
   b. Hast du Fragen zu dem Vertrag, die du nicht selbst beantworten kannst?
       Schreibe diese Fragen in dein Heft.

Rechtschreiben, Zeichensetzung

Wiederholung: Großschreibung

1 Ordne die hervorgehobenen Großschreibungsfälle in eine Tabelle im Heft.

Großschreibung
➤ S. 92

Windkraftwerke lernen schwimmen

Je tiefer das Wasser, desto stärker der Wind darüber, das weiß man schon lange.
Auf einer schwimmenden Plattform riesige Windräder installieren? Gute Idee,
aber **das Umsetzen** solcher Einfälle ist selten leicht zu realisieren. Einen Koloss
von mehr als 20 000 Tonnen will ein norwegisches Unternehmen zu Wasser
5 lassen. Darauf sollen mehr als 30 Windräder platziert werden. **Beim Planen**
war den Ingenieuren klar, dass **viel Neues** erfunden werden musste, damit
die technische Herausforderung bewältigt wird. **Ihr Erfinden** könnte aber
die Energieprobleme der Zukunft lösen. Allein in Europa ließen sich auf
diese Weise pro Jahr etwa 8 000 Terrawattstunden produzieren. Zum Vergleich:
10 Der jährliche Stromverbrauch in der EU betrug 2010 ca. 3 500 Terrawattstunden.

Großschreibung durch:			
Artikel	**Präpositionen**	**unbestimmte Zahlwörter**	**Possessivpronomen**
das Umsetzen,			
...	...		

Starthilfe

2 **a.** Ordne die folgenden Nominalisierungen in die Tabelle aus Aufgabe 1 ein.
  b. Schreibe mit jeweils einer Nominalisierung pro Spalte einen Satz
  in dein Heft.

> etwas Schönes, durch Lesen, beim Laufen, kaum Richtiges, viel Böses,
> unser Üben, ein Flüstern, das Sparen, dein Weglaufen, zum Schreien,
> das Gehen, ihr Singen, im Liegen, wenig Gutes, am Atmen, mein Reden

Merkwissen

Großschreibung bei Eigennamen
Bei **mehrteiligen Eigennamen** werden alle Wörter außer Artikel,
Konjunktionen und Präpositionen großgeschrieben.
Ableitungen von geografischen Eigennamen auf **-er** werden immer
großgeschrieben, z. B.: der **Tilsiter** Käse.

3 Schreibe die Eigennamen richtig in dein Heft.

> DIE VEREINTEN NATIONEN   DER SCHIEFE TURM ZU PISA   DER ROTE PLATZ
> DIE BERLINER LUFT   DAS KAMENER KREUZ
> DIE FRANZÖSISCHE REVOLUTION   DIE HOLSTEINISCHE SCHWEIZ
> DAS SCHWARZE MEER   DIE FREIE DEMOKRATISCHE PARTEI
> DIE OSTFRIESISCHEN INSELN   DER DORTMUNDER RAUM
> DER SCHWEIZER KÄSE   DAS ALTE RATHAUS   DIE GRÜNE WOCHE

Wiederholung: Zusammen- und Getrenntschreibung

Merkwissen

Wortgruppen aus Adjektiv und Verb werden **zusammengeschrieben**, wenn eine neue (übertragene) Bedeutung gemeint ist.

1 Entscheide in folgenden Sätzen die Zusammen- oder Getrenntschreibung.

Der Richter wird den Angeklagten wegen erwiesener Unschuld frei/sprechen.

_____

Als Lehrperson muss man im Unterricht frei/sprechen können.

_____

Durch dummes Gerede kann man seinen besten Freund schlecht/machen.

_____

Kevin sollte seine Hausaufgaben nicht immer so schlecht/machen.

_____

Nach dem Unterricht sollte man die Klassentür nicht offen/lassen.

_____

Die Antwort auf deine Frage muss ich leider noch offen/lassen.

_____

2 Schreibe mit jeder Wortgruppe zwei eigene Sätze in dein Heft.
Verwende einmal die übertragene und einmal die direkte Bedeutung.

richtig stellen   schön reden   schief gehen

Merkwissen

Verbindungen aus **Nomen + Verb** werden in der Regel getrennt geschrieben.
Aber: Durch die starken Wörter **das**, **beim**, **zum** und **vom** entstehen zusammengesetzte Nomen.

3 Ergänze die Sätze mit den Wortgruppen vom Rand.
Entscheide dabei die Zusammen- oder Getrenntschreibung.

Folge/leisten
Fußball/spielen
Schlange/stehen
Schlittschuh/laufen

Als Spieler sollte man Anweisungen des Trainers _____.

Die Verletzungsgefahr beim _____ ist nicht sehr groß.

An der Kasse bin ich vom _____ total genervt.

Das _____ im Winter macht den Schülern großen Spaß.

4 Bilde mit Verbindungen aus Nomen und Verb je zwei Sätze, einmal mit Zusammen- und einmal mit Getrenntschreibung. Schreibe in dein Heft.

Ski/laufen, Kaffee/trinken, Gitarre/spielen, Diät/halten, Fahrrad/fahren

Fremdwörter

1 **a.** Schreibe die hervorgehobenen Fremdwörter in eine Tabelle im Heft.
Schreibe Nomen mit Artikeln und Verben im Infinitiv auf.
b. Ergänze in der zweiten Spalte die Bedeutung mit deutschen Wörtern.
Tipp: Nutze ein Wörterbuch und ein Lexikon.
c. Ergänze in der dritten Spalte die Wortart.

Das Business mit der Schönheit

Das Geschäft mit dem Aussehen **floriert**. Die Leute **investieren** zunehmend
mehr Geld in **Kosmetik**, derzeit sind es in Deutschland etwa 150,- Euro pro
Person im Jahr. Offensichtlich **rentiert sich** die **Produktion** von Mitteln, die
die **Illusion** aufrechterhalten, eine gute „**Optik**" könne auf chemischem Wege
5 gefördert und der Alterungsprozess verlangsamt werden. Neuerdings gerät auch
die Zielgruppe der Männer **permanent** unter den Beschuss des **Marketings**
dieser **Branche**. Dabei **dominieren** Angriffe auf ausgerechnet jene **Domänen**
unverfälschter Männlichkeit, die einstmals garantiert frei waren von Aloe Vera
und ihren duftigen Verwandten. Kaum **transpiriert** der **aktive** Mann in
10 der Werbung beim **Dribbeln** mit dem Ball oder beim Bankdrücken, so sprüht
er sich umgehend schuld- und schweißbewusst den **aktuellen** Geruchskiller
mit dem **coolen Kick** unter die Achseln.
Ungefähr 25 Minuten benötigt jeder Bundesbürger im Durchschnitt morgens für
sein **Styling**. Dabei verbraucht er nicht nur eine Menge Wasser, Seife und Creme,
15 auch Lippenstift, **Eyeliner**, **Aftershave**, **Deodorant** und **Parfüm** kommen für
den angestrebten **Look** zum Einsatz.
Faltenfrei und jugendlich lautet die **Devise**. Sie beschert uns Abertausende von
Töpfchen und Tiegelchen, in denen häufig – mit einer **Emulsion** aus Öl und
Wasser verrührt – gemahlene Bestandteile seltener Pflanzen und Tiere aus
20 den **eklatant** schrumpfenden Regenwäldern unserer Haut schmeicheln wollen.
Die Hersteller der **diversen Anti-Aging-Produkte profitieren** gut von ihren
leeren Versprechungen. Wenn dann beim morgendlichen Blick in den Spiegel
allzu offensichtlich wird, dass all die Produkte keinerlei Nutzen hatten, werden
Falten an Po, Bauch und im Gesicht mit **chirurgischen** Mitteln gestrafft.
25 Teuer, **riskant**, und nur auf den ersten Blick wirkungsvoll, denn die Narben
werden später doch sichtbar – alles nach dem **Motto** „Schönheit um jeden Preis".

Fremdwort	Bedeutung	Wortart **Starthilfe**
das Business	das Geschäft	Nomen
florieren	...	
...		

2 Schreibe zu den Erklärungen passende Fremdwörter aus dem Text auf.

sich günstig entwickeln: _florieren_ _____

die Körper- und Schönheitspflege: _____

Wahl-, Leitspruch: _____, _____

Waren, die das Altern hemmen sollen: _____

ein Mittel, das unangenehmen Geruch verhindern soll: _____

3 **a.** Ordne Wörter mit den folgenden Endungen aus dem Text in die Tabelle ein.
Verwende dabei die Grundformen (z. B. Infinitiv oder Nominativ).
  b. Ordne auch die Fremdwörter vom Rand in die Tabelle ein.

Endung	Beispiele
-ieren	*florieren,*
-(t)ion	
-ik	
-ent	
-ing	
-iv	
-mus	

die Klassik,
der Realismus,
die Ethik,
das Timing,
die Physik,
analysieren,
die Operation,
experimentieren,
das Archiv,
servieren, probieren,
der Expressionismus,
die Innovation,
negativ, passiv,
das Meeting,
das Element,
trainieren, eloquent,
der Naturalismus

4 Einige Fremdwörter werden mit **ph** und **th** geschrieben. Schreibe mit
den Fremdwörtern mit **ph** und **th** jeweils einen Satz in dein Heft.
Verwende ein Wörterbuch oder Lexikon, wenn du ein Wort nicht kennst.

das Phänomen, die Phase, die Philharmoniker, die Philosophie,
der Phosphor, das Theater, die Theke, das Thema, die Theologie,
die Theorie, die Therapie, das Thermalbad, die Thermik, die These

5 **a.** Ergänze passende Fremdwörter aus der Informatik.
  b. Schreibe weitere Fremdwörter aus dem Bereich Informatik in dein Heft.

Rechner: _____ Netzauftritt: _____

Startseite: _____ Netzadresse: _____

herunterladen: _____

6 Ergänze im Text passende Fremdwörter vom Rand.

Das Web der Zukunft ist eine Wolke

Im _Internet_ wird die nächste _____ der Computerbranche

eingeläutet: _____ heißt die Zukunft.

Der Grundgedanke beim Cloud Computing ist, dass alle Anwendungen im

_____ laufen – von einfacher _____ bis hin zu

kompletten Betriebssystemen. Der _____ muss sich keine

teure _____ anschaffen, sich nicht regelmäßig Gedanken um

die _____ des _____ machen und

auch keine Software mehr kaufen. So angesagt Cloud Computing auch ist,

problematisch dürfte bei dieser _____ der Schutz persönlicher Daten

werden.

~~Internet,~~
Software,
Revolution,
Aktualisierung,
Technik,
Cloud Computing,
User,
System,
Hardware,
Web

Wiederholung: Kommasetzung

1. Grundregel: Komma in Aufzählungen
Man kann **Wörter**, **Satzteile** oder **ganze Sätze** aufzählen. Die Teile
einer Aufzählung, die nicht durch **und**, **oder** bzw. **sowie** verbunden sind,
werden durch **Kommas** abgetrennt.

1 Setze in den Aufzählungen die fehlenden Kommas.

Für das Sportfest brauche ich Trainingsanzug Leibchen Turnhose und Schuhe.
In der Jugendherberge gab es um 07:00 Uhr Frühstück um 12:30 Uhr Mittagessen
und um 18:00 Uhr Abendessen.
An meinem Geburtstag besuchen wir den Kletterpark machen Pause im Eiscafé
gehen danach ins Kino oder schauen uns zu Hause einen spannenden Film an.
Ich esse gern Salate mit Radieschen mit Käse überbackene Ofengerichte
Bratwürste in allen Variationen und Eis mit Früchten und Schokoladensoße.
In der Werkstatt werden an unserem Wohnmobil neben den Bremsen
dem Ölstand und den Reifen auch der Kühlschrank der Gasherd und
die Standheizung überprüft.
Er kam müde nach Hause zog seine Arbeitskleidung aus wusch sich legte sich
auf das Sofa und las die Tageszeitung.
Der Herbst begann mit Sturm Regen Blitz und Donner.

2. Grundregel: Komma in Satzgefügen
In Satzgefügen werden **Nebensätze** vom **Hauptsatz** durch Komma
abgetrennt. Nebensätze werden häufig durch eine **Konjunktion**
(z. B. **wenn**, **weil**, **dass**, **obwohl** ...) oder durch ein **Relativpronomen**
(z. B. **der**, **die**, **das**) eingeleitet.
Infinitivsätze sind Nebensätze, die auf einen erweiterten **Infinitiv mit
zu** enden. Infinitivsätze beginnen häufig mit **als**, **um**, **ohne**, **außer**
und **anstatt**.
Eingeschobene Nebensätze werden durch zwei Kommas abgetrennt.

2 **a.** Setze in den Satzgefügen die fehlenden Kommas.
b. Unterstreiche die Nebensätze einmal und die Hauptsätze zweimal.

Als das Unwetter vorbei war, machten die Leute ihre Regenschirme zu.

Du wirst die Prüfung vielleicht schaffen obwohl du nicht viel gelernt hast.

Marie holte sich eine Flasche Mineralwasser weil sie Durst hatte.

Jan ging nachdem er seine Hausaufgaben erledigt hatte zum Fußballtraining.

Wenn das Fußballspiel beendet ist feiern wir unseren Sieg mit einer Party.

Unser Trainer der früher selbst Torwart war macht den weiten Abschlag vor.

Man sollte niemals außer um einzuparken auf der Straße rückwärtsfahren.

3 **a.** Schreibe eigene Satzgefüge mit den Wörtern vom Rand in dein Heft.
Stelle die Nebensätze jeweils in alle zwei oder drei möglichen Positionen.
b. Setze die Kommas, umkreise die Konjunktionen und unterstreiche
den Nebensatz.

obwohl, die, um

3. Grundregel: Zusätze, Einschübe, Nachträge
Zusätze, **Einschübe** und **Nachträge** werden durch Kommas abgetrennt.
Zusätze: Au, das tut aber weh!
Nachträge: Ich esse gerne Nudeln, besonders Spagetti.
Einschübe: Mein Onkel, ein erfolgreicher Geschäftsmann, kommt zu
meinem Geburtstag.

4 **a.** Markiere die Zusätze, Einschübe und Nachträge und setze die Kommas.
   b. Schreibe jeweils zwei eigene Sätze mit Zusätzen, Einschüben und
   Nachträgen in dein Heft.

Hilfe ich kann nicht mehr!

Ich esse gern Gegrilltes besonders Würstchen mit Senf.

Manfred Mustermann der Sänger begann pünktlich seine Vorstellung.

Frau Freitag unsere Nachbarin mäht im Sommer an jedem Samstag ihren Rasen.

Autsch der Kaffee war noch sehr heiß!

Ivana mag gern spannende Bücher besonders Krimis.

Ach hätte ich doch nur mehr für die Mathearbeit gelernt!

Herr Meier unser Klassenlehrer möchte mit uns eine Klassenfahrt machen.

5 Setze mithilfe der drei Grundregeln die fehlenden Kommas im Text.

Der hohe Preis der Energiewende

Die Hohe Leite zählt zu den markantesten Erhebungen
der Fränkischen Schweiz. Von hier oben schweift
der Blick weit übers Land. Über ein Mosaik aus Wiesen
Feldern Wäldern Dörfern Bächen und bizarren Kalk-
5 felsen. Alles sieht malerisch aus obwohl sich in
der Ferne ein paar Windräder drehen. Wenn die Windkraft die Stromlücke füllen soll könnte es bald um viele
landschaftliche Schönheiten in Deutschland geschehen
sein. Die sanften Höhenzüge der Mittelgebirge
10 scheinen gut geeignet um profitable Windräder aufzustellen. Man weiß dass hier der Wind stark und gleichmäßig weht.
Auf der Egge einem Höhenzug in Ostwestfalen ragen bereits heute viele Windräder in den Himmel. Sie verwandeln die in Jahrhunderten gewachsene Kultur-
15 landschaft in eine verspargelte und verdrahtete Energielandschaft.
Dem Landschaftsschutz der oft als Argument gegen den Bau von Autobahnen
oder Gewerbegebieten genutzt wird scheint bei der Windenergie offensichtlich
weniger Bedeutung beigemessen zu werden. Und so unglaublich es klingt:
Die grüne Revolution wird ihren Teil zum Landschaftsverlust beitragen.
20 Das ist die Folge des längst überfälligen Verzichts auf den Atomstrom aber
die Konsequenzen sind noch nicht allen klar.
Sicher ist nur eins: Der Preis für das Festhalten am konsumistischen
Wohlstandsmodell und an unseren Bequemlichkeits- Kommunikations-
und Mobilitätsbedürfnissen wird auch mit grüner Energie hoch sein.

Der Bergrücken „Hohe Leite"
bei Hasslach/Pottenstein
in der Fränkischen Schweiz

Grammatik

Wiederholung: Wortarten

Du wiederholst wichtige Wortarten anhand von Beispielen.

1 **a.** Ergänze in der ersten Spalte der Tabelle die **Wortarten** vom Rand.
Die Beispiele in der zweiten Spalte helfen dir.
 b. Ergänze in der zweiten Spalte passende **Beispiele** vom Rand.
 Tipp: Zwei Wörter kannst du zweimal eintragen.
 c. Ergänze in der dritten Spalte geeignete **Abkürzungen** für die Wortarten.

Wortarten:
Präposition, Verb,
Adjektiv, Adverb,
Nomen, Artikel

Beispiele:
eine, unter, sehen, das
Fach, welche, dort, dass,
in, warum, lustig, das,
aber, die Freiheit, jenes,
unser, ich, sein, oder,
über, nachdem, gestern,
euer, er, ihr, sagen, die,
können

Abkürzungen:
Adj.
Adv.
Konj.
Art.
Präp.
Pron.
ohne Abkürzung:
Nomen
Verb

Wortart	Beispiele	Abkür-zung
_____	*die Schule,* _____	____
_____	*kommen,* _____	____
Pronomen	Personalpronomen: *wir,* _____	____
	Possessivpronomen: *sein,* _____	
	Demonstrativpronomen: *dieser,* _____	
	Interrogativpronomen: *wer,* _____	
	Relativpronomen: *den,* _____	
_____	*klein,* _____	____
_____	*auf,* _____	____
Konjunktion	nebenordnend: *und,* _____	____
	unterordnend: *weil,* _____	
_____	*heute,* _____	____
_____	bestimmt: *der,* _____	____
	unbestimmt: *ein,* _____	

2 Notiere über jedem Wort die Wortart.
Verwende dafür die Abkürzungen aus der Tabelle.

Wortarten ➤ S. 94

Adj.   *Nomen*   *Präp. Nomen*
Kleine Stadtgeschichten aus Berlin: Der Schwächeanfall

Es ist Sprechstunde beim Hausarzt in Schöneberg. Ein 16-jähriger Patient betritt

in Begleitung seiner Mutter das Sprechzimmer und fläzt sich in den Stuhl.

Warum er komme, möchte der Doktor wissen. Die entwaffnende Antwort

des Halbwüchsigen lautet: „Allgemeine Bocklosigkeit."

Grammatik

Wiederholung: **Satzglieder**

1 **a.** Führe mit diesem Satz die Umstellprobe durch. Schreibe drei Sätze auf.

Morgen Abend besucht mich mein Freund.

Mein Freund _____

_____

_____

b. Wozu dient die Umstellprobe? Schreibe eine Erklärung in einem Satz auf.

_____

_____

2 Ordne den Satzgliedern in der Tabelle die Fragen vom Rand zu.

Satzglied	Fragen	Abkürzung
Prädikat	*Was tut ...?*	Präd.
Subjekt		Subj.
Akkusativobjekt		Akk.-Obj.
Dativobjekt		Dat.-Obj.
Präpositionalobjekt		Präp.-Obj.
Attribut		Attr.
Adverbiale Bestimmungen ...		AdvB
... des Ortes		AdvB/O
... der Zeit		AdvB/Z
... der Art und Weise		AdvB/AW
... des Grundes		AdvB/G

Fragen:
~~Was tut?~~
Wo?, Woher?, Wohin?
Wer oder was?
Wann?, Wie lange?, Seit wann?
Warum?, Weshalb?
Wem?
Worauf?, Womit?, Wonach?
Wen oder was?
Welche?, Welcher?
Wie?

3 **a.** Rahme alle Satzglieder ein. Markiere Attribute zusätzlich.
b. Bestimme die Satzglieder. Verwende die Abkürzungen aus der Tabelle.

Kleine Stadtgeschichten aus Berlin: Knecht Ruprecht

Satzglieder ➤ S. 95

AdvB/Z   *Präd.*   *Subj.*   *Attr.*   *Attr.*

| Am Mittwochmorgen | will | eine größere Gruppe | süddeutscher Jugendlicher |

AdvB/O

| am Bahnhof | in die S-Bahn einsteigen. Sie möchten zusammenbleiben. Deshalb

steuern alle dieselbe Tür an. Über Lautsprecher ertönt der Rat des Fahrers:

„Das ist hier doch kein Adventskalender. Man kann ruhig alle Türen aufmachen.‟

Wiederholung: Zeitformen der Verben

1 **a.** Schreibe die Sätze in der jeweils angegebenen Zeitform auf.

b. Markiere die Verbformen.

Verben ➤ S. 94

Präsens: Piotr kauft ein.   Milena geht nach Hause.

Perfekt: _Piotr hat eingekauft. Milena ist nach Hause gegangen._

Präteritum: _____

Plusquamperfekt: _____

Futur I: _____

Futur II: _Piotr wird eingekauft haben._

2 Ergänze die Verben aus den Klammern jeweils in der passenden Zeitform. Verwende die Zeitformen Präsens, Präteritum, Perfekt, Plusquamperfekt und Futur I.

Wer _erfand_ **(erfinden, Prät.) die Pizza Margherita?**

Die „Margherita" _____ (gehören) zu den beliebtesten Pizzen.

Aber wie _____ (kommen) sie zu ihrem Namen _____?

Der König von Italien _____ (wollen) eines Tages Pizza probieren.

Am 11. Juni 1889 _____ (lassen) er und seine Frau sich von dem

5 Pizzabäcker Raffaele Esposito verschiedene Pizzen in ihren Palast schicken. Eine

Sorte _____ (sein) mit Basilikum, Mozzarella und Tomate belegt:

Grün, Weiß, Rot – wie die italienische Flagge. Diese Pizza _____

(schmecken) der Königin am besten. Also _____ (taufen)

der clevere Esposito die Pizza auf den Namen der Königin: Margherita!

10 Die Grundidee der Pizza _____ (sein) natürlich schon viel älter.

Schon die Etrusker, die vor etwa 2 500 Jahren in Norditalien _____

(leben), _____ (backen) Teigfladen, um sie danach zu belegen.

Auf diese Weise _____ (erfinden) sie die ersten essbaren Teller

_____. Die Griechen _____ (belegen) später ihre

15 Teigfladen nicht erst nach, sondern schon vor dem Backen. Damit

_____ (entwickeln) sie die Ur-Pizza _____.

Pizza _____ (bleiben) lange Zeit ein Armeleuteessen, denn

die Zutaten _____ (sein) billig und der Teig schnell hergestellt.

1830 _____ (eröffnen) die erste Pizzeria der Welt in Neapel

20 und bald _____ (folgen) weitere. Die „Margherita" _____

(geben) es wohl auch in Zukunft immer _____.

Pizzeria Port'Alba in Neapel –
die älteste Pizzeria der Welt

ik

Wiederholung: Indirekte Rede – Konjunktiv I, II und Ersatzform

1 Ergänze in der indirekten Rede passende Verben aus den Klammern im **Konjunktiv I (K I)**, **Konjunktiv II (K II)** oder mit **würde**.

Indirekte Rede mit Konjunktiv I, Konjunktiv II oder der Ersatzform mit würde ➤ S. 95

Kitzeln ist nicht nur lustig – Teil 1

Frau Biesgen erklärte gestern, warum wir kitzelig sind. Sie sagte, es _sei_ (sein, K I) wichtig für unser Überleben. Eine Berührung _____ (können, K I) auch immer eine Gefahr sein. Zum Beispiel _____ (lösen, K I) ein Insekt auf unserer Haut sofort Alarm aus. Möglicherweise _____ (stechen, K I)

5 es ja. Die Hand _____ (werden, K I) in Bewegung gesetzt und _____ (verscheuchen, K I) die Mücke. Ähnlich _____ (sein, K I) es beim Kitzeln, erklärte Frau Biesgen. Man _____ (wollen, K I) etwas abwehren, doch plötzlich _____ (merken, K I) man, dass es gar nicht gefährlich _____ (sein, K I). Wenn man das _____ (begreifen, K I),

10 _____ (entladen, K I) sich die Spannung im Körper durch ein Kichern. Dann fügte sie noch hinzu, dass wir uns nicht selbst kitzeln _____ (können, K II), weil unsere Gehirne genau _____ (wissen, K II), dass keine echten Gefahren _____ (lauern, K II). Denn unsere Gehirne _____ (geben, würde) ja selbst den Kitzelbefehl _____.

2 Wann wird in der indirekten Rede der **Konjunktiv II** als Ersatzform verwendet?

_____

_____

3 Wann wird in der indirekten Rede die Ersatzform mit **würde** verwendet?

_____

_____

4 **Konjunktiv I**, **Konjunktiv II** oder Ersatzform mit **würde**? Ergänze.

Kitzeln ist nicht nur lustig – Teil 2

15 Frau Biesgen führte weiter aus, dass das Kitzeln oft als Spaß angesehen _____ (werden), weil die erste Reaktion oft ein Lachen _____ (sein). Doch Forscher _____ (bestehen) darauf _____, dass der Gesichtsausdruck der Gekitzelten dem von Gequälten _____ (ähneln). Wer gekitzelt _____ (werden), _____ (empfinden) also auch

20 Leid. Sie erklärte, dass man das Kitzeln heute immerhin nicht mehr als Foltermethode _____ (einsetzen) _____ wie noch bei den Römern.

Wiederholung: Satzgefüge

1 **a.** Unterstreiche im folgenden Text alle Nebensätze.
Tipp: Achte dabei auf die Verbstellung und die Kommas.
b. Kreise alle Konjunktionen und Relativpronomen ein.

Konjunktionen, Relativpronomen,
➤ S. 86, 94

Die Kork-Yogis sind über uns

Die Street-Yogis sind unter uns. (Wer) aber mit hängendem Kopf durchs Leben

geht, wird sie nicht sehen, (obwohl) vielleicht gerade ihm ihre Gesellschaft gut-

täte. Denn genau genommen sind die Street-Yogis über uns: Sie turnen auf

Berliner Straßenschildern herum, sofern die Launen der Natur oder eines

5 Mitmenschen sie nicht herunterholen.

Rund 350 der Figuren hat ihr Schöpfer, der Yogalehrer Josef Foos, gebastelt, seit

ihn 2009 eine Geschichte im „Tagesspiegel" über den Londoner Künstler

Slinkachu auf die Idee brachte. Die ältesten hätten, wie Foos berichtet, schon

zwei Winter überlebt. Und das haben sie geschafft, obwohl sie in den Straßen

10 von Neukölln turnen. Zum Erfolgsrezept der kleinen Kerlchen gehört, dass sie

genauso nett gemeint sind, wie sie aussehen: „Wenn sich Ihnen ein Street-Yogi

zeigt, möchte er Ihnen Freude und Glück bringen", schreibt Foos auf seiner

Homepage www.street-yoga.de. Die Yogis sind „Street Art" und dabei in ihrer

charmanten Bescheidenheit quasi das Gegenteil von Graffiti.

2 Bilde Satzgefüge, indem du die Sätze mit den angegebenen Konjunktionen
oder Relativpronomen verbindest.
Tipp: Der Nebensatz kann vor, hinter oder zwischen dem Hauptsatz stehen.

Satzgefüge ➤ S. 93

Die Herstellung ist nicht ganz einfach. Foos muss seinen Schützlingen für die
Yogaübungen Knie- und Ellbogengelenke basteln. (weil)

_____

_____

_____

_____

An solchen Figuren sitzt Foos länger als die sonst übliche Stunde. Solche
Figuren erfordern die sorgsame Verleimung und Stabilisierung mit Tape. (die)

_____

_____

_____

_____

Yogastellung „Virabhadrasana II"
(der Krieger II)

Aber „man muss ja mit irgendwas seine Zeit totschlagen", sagt der
55-Jährige. Der 55-Jährige lebt nach eigenem Bekunden ohne Fernseher
und gänzlich alkoholfrei. (der)

Yogastellung „Vrksasana"
(der Baum)

_____

_____

_____

_____

Abends bietet er Yogakurse und Akupressurbehandlungen an. Er bastelt
seine Yogis und stellt sie in der Stadt auf. (bevor)

_____

_____

_____

_____

3 **a.** Ergänze im Text passende Konjunktionen oder Relativpronomen vom Rand.
   b. Setze die fehlenden Kommas.
   Tipp: Die Kommas stehen nicht immer vor dem eingesetzten Wort.

> damit (2 x), dass,
> die, um, während,
> weil, wenn, wo

Der Aufstieg der Kork-Yogis

Tagsüber in der Masse sei man unauffälliger als nachts _____ man

allein durch die Straßen ziehe, sagt er. Früher habe er Sekundenkleber verwen-

det, aber _____ der wirklich hielt, musste Foos immer zweimal

hochsteigen. Jetzt reicht eine Klettertour _____ die Figur perfekt

5 sitzt. _____ die Lebenserwartung der Yogis zu erhöhen, klebt er

sie auf möglichst hohe Straßenschilder. Als Basisstation dient ihm sein Fahrrad;

seine weitere Klettertechnik verrät er nicht. Sie scheint kraftraubend zu sein

_____ Foos sagt _____ er früher acht Yogis pro Tag

kleben konnte _____ er jetzt nur noch vier schaffe.

Yogastellung „Tadasana"
(die Bergstellung)

10 Am Anfang habe er die Figuren vor allem in seinem Kiez und in der Nähe

anderer Yogastudios platziert, außerdem in Schöneberg _____

er oft unterwegs sei. Allmählich erobern die Korkmännchen weitere

Stadtteile und erfreuen all jene _____ erhobenen Hauptes

durchs Leben gehen.

Z **4** Welche Klettertechnik könnte der Yogalehrer Foos anwenden?
Beschreibe die Klettertechnik. Verwende dabei Satzgefüge.
Schreibe in dein Heft.

Fußball-Yogi

Wissenswertes auf einen Blick

Rechtschreiben, Zeichensetzung

Das Gliedern, das Verlängern, das Ableiten

Beim **Gliedern** zerlegst du mehrsilbige Wörter in Sprechsilben, z. B.: Er | eig | nis | se.

Durch **Verlängern** kannst du Endbuchstaben hörbar machen.
Pferd – Pferde, er schwingt – schwingen, wütend – wütende

ä/äu oder **e/eu?** Wenn du nicht sicher bist, kannst du das Wort **ableiten**.
Findest du ein verwandtes Wort mit **a/au**, dann schreibe **ä/äu**.
die Wälder – der Wald   die Bäume – der Baum

Großschreibung

Zusammengesetzte Nomen werden **großgeschrieben**.
Die Wörter **das**, **beim**, **zum** machen's.
Nomen + Verb: Rad fahren   – beim Radfahren
Verb + Verb: spazieren gehen – zum Spazierengehen
Adjektiv + Verb: geheim halten   – das Geheimhalten

Verben werden **nominalisiert** und **großgeschrieben**, wenn …
… ein **Artikel** davorsteht, z. B.: Lustig klang **das Lachen**.
… ein **Attribut** davorsteht, z. B.: Manchmal stört **lautes Lachen**.
… eine (erweiterte) **Präposition** davorsteht, z. B.: Er geht **zum** (zu dem) **Lachen**
   in den Keller.
… ein Possessivpronomen davorsteht, z. B.: Er ließ **sein Lachen** hören.

Eigennamen schreibt man **groß**. Eigennamen sind z. B. Namen von Personen,
Staaten und Festen.
Die von **geografischen Eigennamen** abgeleiteten Wörter mit **-er** schreibt man
immer groß, z. B.: Pforzheimer Bürger.
Adjektive auf **-isch**, die von **geografischen Eigennamen** abgeleitet sind,
werden **kleingeschrieben**, z. B.: italienische Oliven.

Übungen S. 80

Zusammen- und Getrenntschreibung

Aus **Nomen + Verb** entsteht ein **zusammengesetztes Nomen**.
Aus **Verb + Verb** entsteht ein **zusammengesetztes Nomen**.
Die Wörter **das**, **zum**, **beim** und **vom** machen's! Zum Beispiel:
Heute gehe ich **Fußball spielen**. Das **Fußballspielen** macht mir Freude.
Ich will **spazieren gehen**. **Beim Spazierengehen** geht es mir gut.

Wortgruppen aus **Adjektiv + Verb** werden **zusammengeschrieben**, wenn eine **neue**
(übertragene) **Gesamtbedeutung** gemeint ist.

Zusammenschreibung: Wir konnten nicht alle Probleme lösen, einige Fragen
mussten **offenbleiben**.
→ **übertragene Bedeutung:** Einige Fragen konnten nicht gelöst werden.
Getrenntschreibung: Das Fenster soll **offen bleiben**.
→ **wörtliche Bedeutung:** Das Fenster soll nicht geschlossen werden.

Übungen S. 81

Fremdwörter

Viele Fremdwörter haben typische Buchstaben oder Buchstabenkombinationen, z. B.:
y das S**y**stem, **ph** die **Ph**ase, **c** das **C**loud **C**omputing, **rh** das **Rh**euma,
ch das **Ch**aos, **th** die **Th**ese.

Übungen S. 82–83

Das Dehnungs-h

Wenn du nicht sicher bist, **ob in einem Wort ein h vorkommt**, kannst du prüfen, welche Buchstaben davor und dahinter stehen. Sie helfen dir, dich für die richtige Schreibung zu entscheiden.

Das **Dehnungs-h** steht nach einem langen Vokal und nur vor den Konsonanten **l**, **m**, **n** und **r**: Stuhl – nehmen – ohne – ehrlich.

In den meisten Wörtern folgt aber nach einem langen Vokal kein **h**.

Wortbildung

Viele Wörter sind **zusammengesetzt**. Wenn du die einzelnen Bausteine richtig schreibst, dann kannst du auch die Zusammensetzung richtig schreiben.

Mit **Präfixen** (Vorsilben) und **Suffixen** (Endungen) entstehen neue Nomen, Verben und Adverbien:

Präfix	+	Verb	=	neues Verb oder neues Nomen
miss	+	achten	=	missachten, die Missachtung
Nomen	+	Suffix	=	Adverb
das Beispiel	+	-weise	=	beispielsweise
Adjektiv	+	Suffix	=	Nomen
auffällig	+	-keit	=	die Auffälligkeit

Komma in Aufzählungen, Satzreihen und Satzgefügen

Die Teile einer **Aufzählung**, die nicht durch **und/oder** verbunden sind, werden durch **Komma** getrennt, z. B.: Der Herbst begann mit Sturm, Regen, Blitz und Donner.

Satzreihen bestehen aus zwei oder mehreren **Hauptsätzen**. Hauptsätze in Satzreihen, die nicht durch **und/oder** verbunden sind, werden durch **Komma** getrennt, z. B.: Junge Männer müssen keinen Wehr- oder Ersatzdienst mehr leisten, den kommenden Generationen wird eine Herausforderung vorenthalten.

In einem Satzgefüge werden **Nebensätze** (NS) vom **Hauptsatz** (HS) durch **Komma** abgetrennt. Am Anfang des Nebensatzes steht häufig eine Konjunktion (**als**, **weil**, **dass**, **obwohl** ...), z. B.:

Obwohl es heute sehr schwül war, gab es abends kein Gewitter.
  Konj.   NS   HS

Übungen S. 44, 84, 90–91

Komma in Relativsätzen und Infinitivsätzen

Relativsätze sind **Nebensätze**, **die sich** meist **auf ein vorangehendes Nomen** beziehen. Sie werden immer vom Hauptsatz durch ein **Komma** abgetrennt und durch ein Relativpronomen (z. B. **der**, **die**, **das**) eingeleitet, z. B.:

Dem Bürgermeister, **der** heute Geburtstag hat, gratulieren wir.

Ist der Relativsatz in den Hauptsatz eingebettet, wird er durch zwei Kommas abgetrennt.

Der Psychologe, **der** auf der Tagung einen Vortrag hielt, stellte eine provozierende These auf.

Infinitivsätze enden auf einen erweiterten **Infinitiv mit zu**. Infinitivsätze sind **Nebensätze** und werden immer vom Hauptsatz durch ein **Komma** abgetrennt. Infinitivsätze beginnen häufig mit den Signalwärtern **als**, **um**, **ohne**, **außer**, **anstatt**, z. B.:
Er überquerte die Straße, **um** seinen Nachbarn **zu begrüßen**.

Übungen S. 84–85, 90–91

Komma bei Zusätzen, Einschüben, Nachträgen

Zusätze, Einschübe und Nachträge werden durch Komma abgetrennt.
Zusätze: Au, das tut weh!
Nachträge: Ich esse gerne Nudeln, besonders Spagetti.
Einschübe: Mein Onkel, ein erfolgreicher Geschäftsmann, kommt zu meinem Geburtstag.

Übungen S. 85

Grammatik

Verben

Verben sind Tätigkeitswörter und geben an, was jemand tut oder was geschieht.
Verben bilden verschiedene Zeitformen.

Verben im Präsens verwendest du, um auszudrücken,
– **was man regelmäßig tut:** Sina **füttert** die Fische sechsmal die Woche.
– **was man jetzt tut:** Sina **füttert** die Fische jetzt gerade.
Bei vielen Verben bleibt im Präsens der Verbstamm gleich. Es verändern sich
nur die Endungen. Sie richten sich nach der Person. **Zusammengesetze Verben**
können im Satz auseinanderstehen: einkaufen – im Satz: Er kauft Futter ein.

Verben im Präteritum verwendest du meist, wenn du **schriftlich über etwas
berichtest oder erzählst**, was schon vergangen ist:
Auch in Berlin **feierten** zahlreiche Fans den Sieg der Nationalmannschaft.

Verben im Perfekt verwendest du meist, wenn du etwas **mündlich erzählst**,
was schon vergangen ist.
Viele Verben bilden das Perfekt mit **haben**: Sie hat gebacken.
Viele Verben bilden das Perfekt mit **sein**: Wir sind gelaufen.

Das Plusquamperfekt verwendest du, wenn du ausdrücken willst, dass etwas
vor einem zurückliegenden Ereignis geschah: Chaos brach aus, nachdem
die Luftbehörden den Luftraum über vielen Ländern **geschlossen hatten**.

Das Passiv beschreibt, was mit einer Person oder einem Gegenstand getan wird.
Die handelnde Person wird im Passiv meist nicht erwähnt. Das Passiv wird
mit einer Form von **werden** und dem **Partizip Perfekt** gebildet.
Präsens: Tausend Flüge **werden gestrichen**.
Präteritum: Tausend Flüge **wurden gestrichen**.

Verben im **Konjunktiv I** drücken unsichere Informationen aus, z.B.:
Er sagt, er **laufe** jeden Morgen zehn Kilometer.

Verben im **Konjunktiv II** (Möglichkeitsform des Verbs) drücken aus, dass etwas nicht
oder noch nicht Wirklichkeit ist, z.B.:
Er sagt, er **liefe** jeden Morgen zehn Kilometer.

Der **Konjunktiv II** wird vom Präteritum abgeleitet.

| Präteritum: | du hattest | sie blieb | ich fand |
| Konjunktiv II: | du hättest gern … | sie bliebe bestimmt … | ich fände schön … |

Übungen S. 32, 44–45, 58, 86, 88

Konjunktionen

Konjunktionen (Bindewörter) verbinden Sätze.
Nebenordnende Konjunktionen wie **und**, **oder** und **aber** verbinden Wörter und Sätze.
Unterordnende Konjunktionen wie **wenn**, **weil**, **dass**, **als** verbinden Haupt- und
Nebensätze.
Die Konjunktionen **weil** und **denn** leiten Begründungen ein.
Die Konjunktionen **nachdem**, **bevor** und **während** drücken eine zeitliche Abfolge aus.

Übungen S. 32, 45, 58, 86

Relativpronomen und Interrogativpronomen

Mit den **Relativpronomen der, die, das / welcher, welche, welches** kann man
Nebensätze einleiten. Das Relativpronomen **bezieht sich auf ein Nomen** oder
Pronomen und steht nach einem **Komma**, z.B.:
Ich lese das Buch, **das** du mir geschenkt hast.

Interrogativpronomen sind Fragewörter, z.B. wer, wem, welcher, welches, wie.
Mit ihnen fragt man nach bestimmten Informationen; z.B.: **Wem** gehört das Buch?

Übungen S. 45, 86

Doppel-Klick 10 Differenzierende Ausgabe

Das Arbeitsheft
Lösungen

Seite 6

3 *So oder so ähnlich könntest du den Inhalt der Materialien zusammengefasst haben:*
M 1: Russische Forscher haben in der Antarktis in großer Tiefe unter dem Eis den von der Außenwelt abgeschnittenen Wostoksee angebohrt. Die Bohrung ist umstritten, weil der See dadurch verunreinigt werden könnte.
M 2: Der Wostoksee liegt in der Antarktis unter einer 3,8 km dicken Eisschicht und ist 25-mal so groß wie der Bodensee.
M 3: Schon bei den ersten Bohrungen wurden einmalige Entdeckungen gemacht. Diese Bohrungen sollen nun mithilfe neuester technischer Mittel fortgeführt werden.

Seite 7

1 a) Die „Akademik Fjodorow" ist ein russisches Forschungs-schiff, das gerade vor der Küste der Antarktis liegt (M 1, Z. 5–6)
b) Auf der „Akademik Fjodorow" fand vermutlich eine Party statt, weil das darauf befindliche Forscherteam es geschafft hatte, den Wostoksee anzubohren. (M 1, Z. 7–9)
c) Der Wostoksee ist 250 km lang und 50 km breit. (M 1, Z. 22)
d) Der Wostoksee ist 25-mal größer als der Bodensee. (M 2)
e) Die Bohrung fand bei einer Temperatur zwischen minus 38 und minus 46 Grad Celsius und kurz vor der Polarnacht statt. (M 1, Z. 9–11)
f) Das Zufrieren des Bohrlochs wurde 1998 mithilfe von Tonnen an Kerosin und Kühlmittel verhindert. (M 1, Z. 41–42)
g) Wenn die verwendeten Frostschutzmittel in das Wasser des Sees gelangt wären, hätten sie ihn verunreinigt und so die Messungen unbrauchbar gemacht. (M 1, Z. 37–38)

2 a) Wo liegt der Wostoksee genau? **M 2**
b) Was ist die Besonderheit an diesem See? **M 1, M 2, M 3**
c) Was versprechen sich die Wissenschaftler von den Bohrungen? **M 1, M 3**
d) Welche Gefahren sind mit den Bohrungen verbunden? **M 1, M 3**
e) Wie gingen die Forscher mit der Kritik an der Bohrung um? **M 1, M 3**
f) Wie sorgfältig wurde bei der Bohrung 2011/2012 verfahren? **M 3**

3 *Diese Fragen könntest du formuliert haben:*
Welche Entdeckungen werden im Wostoksee erwartet?
Wozu könnten diese Entdeckungen dienen?

Seite 8

1 **anleitende Intention:** Der Text beschreibt Vorgänge so genau, dass Leserinnen und Leser sie nachmachen können.

informierende Intention: Der Text beschreibt Sachverhalte oder Ereignisse sachlich informierend (ohne sie zu bewerten).

unterhaltende Intention: Der Text erzählt wahre oder er-fundene Geschichten auf eine sprachlich interessante Weise.

legitimierende Intention: Der Text rechtfertigt oder lobt Zustände oder Handlungen, um ihren Wert zu verdeutlichen.

kritisierende Intention: Der Text hinterfragt Zustände oder Handlungen, um ihre Mängel oder Fehler herauszustellen.

2 informierende Absicht: **M 1, M 2, M 3**
legitimierende Absicht: **M 3**
kritisierende Absicht: **M 1**

3 **M 3:** Dieses Material hat eine legitimierende Intention, denn die Leistungen der Forscher werden in auffälliger Weise gelobt und hervorgehoben.

M 2: Die Intention ist eigentlich nur informierend. Die Metapher „Schatztruhe der Evolution" in der Überschrift hat aber eine unterhaltende Intention.

M 1: Dieses Material hat eine kritisierende Absicht, weil die Misserfolge an den Bohrungen ausführlicher beschrieben werden als die Erfolge.

Seite 9

4 „Hatten die Russen tatsächlich alles ihnen Mögliche getan, um eine Verunreinigung des Sees durch Mikroorganismen und Chemikalien von außen zu verhindern?" (Z. 35–37)

5 Die Rundfunkgesellschaft hat die Aufgabe, das politische, ökonomische, soziale und kulturelle Leben in Russland auf der ganzen Welt bekannt zu machen sowie Russlands Standpunkte zu internationalen Ereignissen zu verbreiten. Außerdem soll die russische Sprache und Kultur weltweit gefördert werden.

6 „Schon die ganze Welt scheint davon gehört zu haben" (Z. 1), „In Russland nahm man dieses Problem ernst" (Z. 25–26), „entwickelte spezielle Methoden" (Z. 26), „einmalige technische Mittel" (Z. 26–27), „Technologien […], über die heutzutage kein weiteres Land verfügt" (Z. 30)

7 *So könntest du die Intention der drei Materialien verglichen haben:*
Material 1 hat eine kritisierende Absicht, weil die Misserfolge an den Bohrungen ausführlicher beschrieben werden als die Erfolge. Die Überschrift wirkt neutral. Die Intention von Material 2 ist informierend. Die Metapher „Schatztruhe der Evolution" in der Überschrift hat aber eine unterhaltende Intention. Das dritte Material hat eine legitimierende Intention, da die Leistungen der Forscher in auffälliger Weise gelobt und hervorgehoben werden. So werden zum Beispiel der Umfang ihrer Forschungen als „ein bedeutender" (Z. 13) und ihre neuen Methoden und technischen Mittel als „spezielle" und „einmalige" (Z. 26–27) bezeichnet und schon die Über-schrift betont die „einmalige[n] Entdeckungen", welche die Forscher machen werden.

8 *So könntest du den Arbeitsauftrag bearbeitet haben:*
Bei Material 1, „Russen bohren Riesensee unter dem ewigen Eis an", handelt es sich um einen Zeitungsartikel von Christoph Seidler, der sich an Leser richtet, die sich kritisch mit dem Thema auseinandersetzen wollen. Material 2 zeigt „Die Lage des Wostoksees in der Antarktis" in Form einer Landkarte und eines Querschnitts durch die Eisschicht, unter der er liegt. Die Zielgruppe sind Personen, die sich sachlich informieren wollen. Der Beitrag namens „Wostoksee in der Antarktis verheißt einmalige Entdeckungen" stammt aus einer Radio-sendung von der russischen Rundfunkgesellschaft „Stimme Russlands". Material 3 ist an internationale Hörer oder Leser gerichtet, die sich über russische Erfolge informieren wollen.

(Fortsetzung auf S. 2)

zu Seite 9

Alle drei Materialien beschäftigen sich mit der Bedeutung der Erforschung des Wostoksees. Dieser See liegt unter einer fast 4 km dicken Eisschicht in der Antarktis. Aufgrund der wahrscheinlich Millionen Jahre langen Abgeschlossenheit von außen werden in ihm bisher unbekannte Lebensformen und Mikroorganismen vermutet. Es wurden bereits Bohrungen durchgeführt, bei denen Bakterien entdeckt wurden, die es sonst nur in Geysiren gibt. Auch andere Entdeckungen haben die Forschungen im Bereich der Wissenschaft von Lebewesen aus vergangenen Zeitaltern schon vorangetrieben.

Die drei Materialien haben unterschiedliche Intentionen. Obwohl in Material 1 die Überschrift neutral wirkt, hat der Artikel eine kritisierende Absicht. Die Misserfolge an den Bohrungen werden ausführlicher beschrieben als die Erfolge. Außerdem äußert sich der Autor skeptisch gegenüber der Arbeitsmethode (Z. 35–37). Die Intention von Material 2 ist informierend. Die Metapher „Schatztruhe der Evolution" in der Überschrift hat aber eine unterhaltende Intention. Die Intention von Material 3 ist eine legitimierende, da die Leistungen der Forscher in auffälliger Weise gelobt und hervorgehoben werden. So wird zum Beispiel die Wichtigkeit betont, indem gesagt wird: „Schon die ganze Welt scheint davon gehört zu haben" (Z.1). Außerdem wird gesagt, dass Russland über „einmalige technische Mittel" (Z. 26–27) verfüge.

Ich finde es spannend und wichtig, solche für die Forschung bedeutenden Entdeckungen in einem See, der so tief unter dem Eis liegt, zu machen. Andererseits ist die Gefahr der Verunreinigung des Sees durch die Bohrungen so groß, dass man die dort lebenden Mikroorganismen eventuell zerstören könnte. Vielleicht sollte der Mensch nicht versuchen, überall in die Natur einzudringen.

Seite 10

2 a) **Einleitung**
Wostoksee in der Antarktis, Untergletschersee, unter 3,8 km dicker Eisschicht, 25-mal so groß wie der Bodensee, einmalige Entdeckungen durch Bohrungen möglich

b) **Gründe für die Erforschung des Sees**
erster See, der unter Eisschicht aufgespürt; mögliche Entdeckung bisher unbekannter Lebewesen (vergangener Zeitalter) und Mikroorganismen; einmalig auf der Welt; Entdeckung termophiler Bakterien, die sonst nur in Geysiren vorkommen

c) **Technische Mittel zur Erforschung**
ca. 4 km langer Bohrer, nach erster Bohrung Kerosin und Kühlmittel als Schutz vor dem Zufrieren (1998), 2005 im unteren Teil Ersatz durch steriles Silikonöl, technische Mittel vergleichbar mit Arbeiten im Weltall

d) **Kritische Stimmen**
Gefahr der Verunreinigung des Sees durch Bohrungen, würde Messung unbrauchbar machen

e) **Bedingungen für erfolgreiche Forschungen**
keine Verunreinigung des Sees, spezielle Methoden und einmalige technische Mittel

Seite 11

3 *So könntest du den Schluss formuliert haben:*
Schluss: Ich finde es sehr faszinierend, dass es möglich ist, aus einem See unter so einer dicken Eisschicht Proben zu entnehmen. Es ist spannend, was dort alles entdeckt werden kann und inwiefern diese Entdeckungen allgemeine biologische Forschungen vorantreiben könnten.

4 *Diese Überschrift könntest du gefunden haben:*
Überschrift: Ungeahnte Forschungsmöglichkeiten durch Bohrungen in der Antarktis

5 **Material 1:** Christoph Seidler: „Russen bohren Riesensee unter dem ewigen Eis an", S. 4–5.

Material 2: „Die Lage des Wostoksees in der Antarktis", S. 5.

Material 3: „Wostoksee in der Antarktis verheißt einmalige Entdeckungen", aus: „Stimme Russlands" (staatliche Rundfunkgesellschaft), S. 6.

6 **Adressat:** die Schüler an meiner Schule

7 *Diese Sätze solltest du angekreuzt haben:*
Ich verwende nur wichtige Fremdwörter und erkläre sie, wenn nötig.
Ich gliedere den Text in Absätze, damit er übersichtlich zu lesen ist.
Ich schreibe sachlich, weil es sich um einen informativen Text handelt.

8 *So könnte dein informativer Text aussehen:*

Ungeahnte Forschungsmöglichkeiten durch Bohrungen in der Antarktis

Mitten in der Antarktis befindet sich unter der russischen Forschungsstation „Wostok" ein See. Er liegt unter einer 3,8 km dicken Eisschicht und ist mit einer Breite von 250 km und einer Länge von 50 km 25-mal so groß wie der Bodensee. Anhand von Bohrungen durch die Eisschicht sind einmalige biologische Entdeckungen im Wostoksee möglich.

Der Untergletschersee ist der erste, der unter der dicken antarktischen Eisschicht aufgespürt werden konnte. Weil dieser vermutlich seit Millionen von Jahren nicht in Kontakt mit dem Leben über dem Eis kam, finden sich in ihm möglicherweise bisher unbekannte Lebewesen vergangener Zeitalter und Mikroorganismen, die trotz des hohen Drucks und der wenigen Nährstoffe dort überleben können. Außerdem wurden in den Eiskernen termophile Bakterien entdeckt, die eigentlich hohe Temperaturen bevorzugen und bisher nur in Geysiren gefunden wurden.

Schon im Jahr 1998 wurde eine Bohrung durch die fast 4 km dicke Eisschicht bis 100 m über der Wasseroberfläche durchgeführt. Um das Loch vor dem Zufrieren zu schützen, wurden Kerosin und Kühlmittel eingesetzt. Dieses Verfahren wurde von internationalen Stimmen kritisiert, da jede Verunreinigung des Seewassers die Forschungsergebnisse unbrauchbar machen würde. So wurde bei einer weiteren Bohrung 2005 zumindest ein Teil des Kerosins durch steriles Silikonöl ersetzt, das frei von jeglichen Mikroorganismen ist. Mittlerweile werden besondere Methoden und technische Mittel für die Forschungsarbeiten verwendet, die vergleichbar sind mit denen, die für Arbeiten im Weltall benutzt werden. Im Sommer, der in der Antarktis nur den Dezember und Januar über dauert, sollen die Bohrungen fortgesetzt werden.

Ich finde es sehr faszinierend, dass es möglich ist, aus einem See unter so einer dicken Eisschicht Proben zu entnehmen. Es ist spannend, was dort alles entdeckt werden kann und inwiefern diese Entdeckungen allgemeine biologische Forschungen vorantreiben könnten.

Quellen: Material 1: Christoph Seidler: „Russen bohren Riesensee unter dem ewigen Eis an", S. 4–5; Material 2: „Die Lage des Wostoksees in der Antarktis", S. 5; Material 3: „Wostoksee in der Antarktis verheißt einmalige Entdeckungen", aus: „Stimme Russlands" (staatliche Rundfunkgesellschaft), S. 6.

2 **Hauptperson und Situation:** „Der Kleine" (wir erfahren nicht seinen Namen) ist mit Christa, vermutlich seiner Schwester, allein zu Hause und wartet auf die Mutter.

Wunsch: möchte auf einen Stuhl klettern, um aus dem Fenster nach seiner Mutter Ausschau zu halten

Hindernis: auf den Stuhl klettern ist verboten, Christa sorgt für die Einhaltung des Verbots

Reaktion: „der Kleine" setzt sich zuerst in die Ecke und weint, holt sich dann eine Packung Cornflakes und isst

Ende: der Kleine stellt sich vor, auf Christa einzustechen; sie weint und er fühlt sich dadurch stark

3 *Den Inhalt der Geschichte solltest du in etwa so zusammengefasst haben:*
Ein kleiner Junge steigt auf einen Stuhl und möchte ein Fenster öffnen. Seine Schwester Christa hält ihn davon ab, indem sie ihn von dem Stuhl hebt. Der Junge ist wütend, setzt sich in eine Ecke und weint. Er möchte sich von Christa keine Vorschriften machen lassen, nur weil sie größer ist. Deshalb klettert er auf einen Hocker und holt sich eine Packung Cornflakes. Während er diese isst, stellt er sich vor, wie er mit einem Messer auf Christa einsticht und sie dabei weint.

4 **a.** *Diese Merkmale hast du sicherlich gefunden.*
Nicht alle Merkmale lassen sich mit Zeilenangaben nachweisen. Manchmal können auch zwei Nachweise auf ein Merkmal zutreffen.
kurzer Ausschnitt (Zeitraum): ein paar Minuten
alltägliches Geschehen: Zwei Geschwister sind allein zu Hause. (Z. 1–2, 8–9)
geringe Anzahl von Figuren: Bruder und Schwester (Z. 1–2), Mutter (Z. 8)
Problem/Wendepunkt: das Weinen des Jungen (Z. 18) oder seine Gewaltfantasie (Z. 22–23)
unvermittelter Einstieg: Der Junge schiebt den Stuhl ans Fenster. (Z. 16)
offenes Ende: Der Konflikt zwischen den Kindern ist nicht gelöst, weil die Mutter noch nicht zu Hause ist.

b. Als der Junge zu weinen beginnt, möchte er eigentlich stark sein. Er beschließt, etwas gegen seine Schwäche zu tun.

5 a) trifft zu, b) trifft nicht zu, c) trifft nicht zu, d) trifft zu, e) trifft nicht zu, f) trifft zu

6 **a.** personaler Erzähler

b. In der Kurzgeschichte „Cornflakes" liegt ein personaler Erzähler vor, der aus der Perspektive des „Kleinen" berichtet. Der Leser folgt seinem Blick („Dann schaute er zu Christa hinüber." Z. 1–2) und kennt die Gedanken und Gefühle des „Kleinen" („Der Kleine wusste, sie kam jetzt gleich [...]." Z. 12, „Christa ist eine Sau." Z. 17).

7 **a. der Kleine:** ein kleiner Junge, der sich von seiner Schwester keine Vorschriften machen lassen möchte; möchte gern größer sein und ein starker Mann, der nicht weint

Christa: vermutlich größere Schwester von „dem Kleinen"; fühlt sich für ihn verantwortlich und passt auf, dass er nichts Gefährliches tut

die Mutter: ist nicht zu Hause, hat die Kinder allein gelassen

b. *So könntest du das Verhältnis des „Kleinen" zu seiner Schwester beschrieben haben:*
Der Kleine kann seine Schwester nicht leiden („Christa ist eine Sau." Z. 17), weil sie größer ist als er und weil sie ihm Vorschriften macht. Er fühlt sich von ihr bevormundet („Der Kleine wusste, sie kam jetzt gleich und presste ihn an sich", Z. 12). Er möchte, dass sie ihn wie einen starken Mann wahrnimmt („Männer sind stark." Z. 24).

1 *Bestimmt hast du der Deutung von Fynn zugestimmt.*
So könntest du deine Entscheidung begründet haben:
Der Junge wünscht sich, dass nicht er weint, sondern seine Schwester. Darum stellt er sich vor, wie er auf sie einsticht. Da vorher kein Messer erwähnt wird und Christa auch nicht in die Küche kommt, kann es nur eine Vorstellung des Jungen sein.

2 *So könntest du die Textstellen gedeutet haben:*
Der Stuhl, der Schemel und der Hocker stehen für den Wunsch der Hauptfigur, größer zu sein (Textbelege: Z. 6–7, 12–13).
Die Packung Cornflakes steht für den Wunsch, stark zu sein (Textbeleg: Z. 24–25).
Das große Messer steht für den Wunsch nach Macht (Textbeleg: Z. 22–23).

3 *So könntest du deine Einleitung formuliert haben:*
In der Kurzgeschichte „Cornflakes" von Otto F. Walter werden die Gefühle eines kleinen Jungen beschrieben, der mit seiner größeren Schwester Christa allein zu Hause ist und auf seine Mutter wartet.

4 *Hier findest du eine Beispielinterpretation der Kurzgeschichte:*
Die Kurzgeschichte „Cornflakes" von Otto F. Walter handelt von einem kleinen Jungen, der mit Christa, wahrscheinlich seiner größeren Schwester, allein zu Hause ist und auf seine Mutter wartet.

„Der Kleine", wie die Hauptfigur genannt wird, möchte sich von seiner größeren Schwester keine Vorschriften machen lassen. Er will größer sein und steigt deswegen auf einen Stuhl, um aus dem Fenster Ausschau nach der Mutter zu halten. Christa, die sich für ihn verantwortlich fühlt, verbietet ihm das und daraufhin setzt sich „der Kleine" weinend in eine Ecke. Voller Wut auf die Schwester, wünscht er sich groß und stark zu sein. Er steigt auf einen Hocker und holt sich eine Packung Cornflakes. Während er diese isst, stellt er sich vor, wie er mit dem Brotmesser auf Christa einsticht. In seiner Vorstellung ist sie es dann, die weint, und er ist der Stärkere.

Die Merkmale einer Kurzgeschichte treffen auf diesen Text zu. Erzählt wird ein nur kurzer Zeitraum von wenigen Minuten. Das Geschehen ist alltäglich – zwei Geschwister sind allein zu Hause. An der Handlung sind wenige Personen beteiligt, „der Kleine" und Christa. Die Mutter kommt nur indirekt vor. (Z. 8) Die Geschichte beginnt unvermittelt damit, dass der Junge den Stuhl unter das Fenster schiebt. (Z. 1) Das Ende bleibt offen, weil die Mutter noch nicht da ist und der Junge sich immer noch wünscht, größer und stärker zu sein. Ein möglicher Wendepunkt der Geschichte ist das Weinen des Jungen (Z. 18), denn von hier an möchte er etwas gegen seine Schwäche tun.

(Fortsetzung auf S. 4)

zu Seite 19

Die Geschichte wird durch einen personalen Erzähler aus der Perspektive des Jungen erzählt. Der Leser folgt am Anfang immer seinem Blick, z. B.: „Dann schaute er zu Christa hinüber." (Z.1–2) und später in den Zeilen 5 bis 6: „konnte er [...] den Scheinwerfer der Sonne sehen". Diese Kindersprache (Scheinwerfer) verstärkt das Erzählen aus seiner Perspektive. Es werden die Gedanken und Gefühle des kleinen Jungen aufgeschrieben, zum Beispiel als Christa ihm das Klettern verbietet. Dort (Z.12) heißt es: „Der Kleine wusste, sie kam jetzt gleich". Später werden seine Gedanken auch als innere Monologe wiedergegeben: „Christa ist eine Sau." (Z.17) und „Männer weinen nicht." (Z.19 und 24). Der Erzähler versetzt sich damit in den Jungen hinein und beschreibt sogar seine Gewaltfantasie am Schluss so, als ob sie wirklich passiert: „hatte er Christa ganz nah vor sich, er nahm das große Messer und stach hinein. Christa weinte." (Z.22–23)

Viele alltägliche Dinge haben in dieser Kurzgeschichte eine Bedeutung als Metapher. Der Stuhl, der Schemel und der Hocker stehen für den Wunsch des „Kleinen", größer zu sein, die Cornflakes für das Starksein und das Messer für seine Wut und den Wunsch nach Macht.

Die Sprache der Geschichte ist einfach. Es passt zu der Erzählperspektive aus der Sicht eines kleinen Kindes, da alle Sätze kurz, manchmal sogar sehr kurz sind.

Ich finde sehr beeindruckend, dass in einem so kurzen Text mit so einfachen Worten ein großes Problem ausgedrückt wird, das viele Kinder haben. Deshalb gefällt mir die Geschichte ganz besonders gut, obwohl es eigentlich traurig ist, dass der Kleine seine Schwester so sehr hasst.

Seite 20

1 b. verfasse, berücksichtige, formuliere, stelle dar, erkläre, stelle dar, erläutere, äußere, begründe, notiere

2 „Verfasse [...] einen informativen Text": Schreibe einen zusammenhängenden Text zu dem vorgegebenen Thema.

„auf der Grundlage der Materialien M1 bis M3": Arbeite dafür alle Materialien durch und verwende Informationen daraus.

„für die Schülerzeitung": Berücksichtige die Leser (Adressaten), für die du schreibst.

„über die Erforschung des Wostoksees": Schreibe über dieses Thema.

3
	trifft zu	trifft nicht zu
a) Ich suche mir ein Material aus, auf das sich meine Darstellung vollständig bezieht.		X
b) Ich stelle meine eigene Meinung zur Erforschung des Wostoksees ausführlich und begründet dar.		X
c) Ich stelle mir vor dem Schreiben die Frage, an wen sich mein Text richtet.	X	
d) Ich nutze für meine Darstellung die Informationen aus allen drei Materialien.	X	

Seite 21

4 *So solltest du die Aussagen angekreuzt haben:*

Das Aufforderungsverb (der Operator) ...	formulieren	darstellen	verfassen
... fordert die Darstellung eines Zusammenhangs.		X	
... fordert Formulierungen in vollständigen Sätzen.	X	X	X
... fordert eine Strukturierung des eigenen Textes.		X	X
... kann die Verwendung von Zitaten beinhalten.		X	X
... bezieht sich meist auf große Schreibaufträge.	X	X	X

5 *Bestimmt hast du die Aussagen so angekreuzt:*

Das Aufforderungsverb (der Operator) ...	notieren	erklären	erläutern
... gibt an, dass nur Sachinformationen genannt werden.	X		
... gibt an, dass die Sprache sachlich sein soll.		X	X
... gibt an, dass Sachverhalte umfassend dargestellt werden.		X	X
... gibt an, dass Beispiele genannt werden können.		X	X

6
Teilaufgabe	Aufforderungsverb (Operator)	Ich soll ...
a)	formulieren, kurz darstellen	... die Einleitung in eigenen, ganzen Sätzen schreiben. ... dabei die Lage und die Besonderheiten des Sees kurz nennen.
b)	darstellen	... die Gründe herausfinden, warum der See erforscht wurde, und sie aufschreiben.
c)	erklären	... mithilfe der Materialien die technischen Mittel zur Erforschung des Sees nennen und beschreiben.
d)	darstellen	... kritische Meinungen über die Erforschungsmethode aufschreiben.
e)	erläutern	... mithilfe der Materialien die Art und Weise der Forschungen beschreiben.
f)	äußern, begründen	... meine eigene Meinung formulieren und Gründe für sie angeben.

7 **begründen:** Ich soll für meine Aussagen über den Text Argumente anführen.

interpretieren: Ich soll einen Text genau untersuchen und die dabei gewonnenen Informationen deuten.

bewerten: Ich soll Sachverhalte in Texten beurteilen und mein Urteil begründen.

zusammenfassen, wiedergeben: Ich soll Textinformationen in eigenen Worten kurz zusammenfassen, ohne sie zu bewerten.

nachweisen: Ich soll vorgegebene Thesen oder eigene Behauptungen mithilfe von Textstellen belegen.

charakterisieren: Ich soll die Merkmale, die Eigenheiten und die Entwicklung einer Figur beschreiben.

4

1 b) ... in der Antarktis.

2 a) trifft zu
b) trifft nicht zu
c) trifft zu
d) trifft nicht zu

3 Das Anbohren des Wostoksees wurde 1998 zunächst unterbrochen, weil Tonnen an Kerosin und Kühlmitteln, mit denen das Loch vor dem Zufrieren geschützt wurde, dabei vielleicht ins Wasser geflossen wären und den See verunreinigt hätten.

4 Die Einleitung dient bei einem informativen Text zur Einführung in das behandelte Thema.

Seite 27

1 ... der milliardste Teil eines Meters.

2 Experten erwarten von der Nanotechnologie, dass sie den Alltag für uns Menschen in vielen Bereichen erleichtert.

3 kratzfeste Kunststoffgläser, gut haftende Autoreifen, länger haltbare Tennisbälle

4 Die Medizin kann durch Nanotechnologie besonders stark verändert werden, weil Medikamente schneller und gezielter wirken könnten.

5 Der Begriff „Makrowelt" meint die Welt der Objekte, die mit dem bloßen Auge sichtbar sind.

6 „In der Nanowelt gelten andere Gesetze als in der Makrowelt. Bekannte Materialien verändern in Nanogröße ihre Eigenschaften." (Z. 28–30)

7 a) trifft zu
b) trifft nicht zu
c) trifft zu
d) trifft nicht zu

8 ... Säulendiagramm

Seite 28

9 Das Thema der Grafik ist der Umsatz, der durch Nanotechnologie bereits gemacht wurde und in Zukunft vermutlich gemacht werden wird. Dieser Umsatz wird in Milliarden Dollar angegeben. Schon von 2004 bis 2006 ist dieser gewaltig gestiegen und wird 2012 und 2014 noch einmal stark ansteigen.

10 Krebsmedikamente; Tennisbälle; Nahrungsmittel, z. B. um die Bildung eines Grauschleiers auf Schokolade zu verhindern; Kleidung, z. B. um das Wachstum der Bakterien in Textilien zu hemmen

11 *So könntest du „Nano" definiert haben:*
„Nano" ist von dem griechischen Wort „nanos" abgeleitet, das „Zwerg" bedeutet. Es bezeichnet den milliardsten Teil von etwas. Nanoteilchen sind mit dem bloßen Auge nicht sichtbar, man braucht dafür ein besonderes Mikroskop. Die Nanotechnologie kann in allen Bereichen angewendet werden.

12 *Diese Daten und Ereignisse solltest du in die Tabelle eingetragen haben:*

1959: Vortrag von Richard Feynman, der seitdem als Vater der Nanotechnologie bezeichnet wird

1981: Bau des ersten Rastertunnelmikroskops

1991: Entdeckung der „Carbon-Nanotubes", kleinste Röhrchen aus Kohlenstoffatomen mit ungewöhnlichen Eigenschaften

13 Empfohlen wird ein vorsichtiger Umgang mit Produkten, die Nanopartikel enthalten.

14 eine Kennzeichnungspflicht und ein Melderegister für Produkte, die Nanopartikel enthalten

Seite 29

15 Das Umweltbundesamt empfiehlt, mit den Artikeln, in denen Nanopartikel enthalten sind, so lange vorsichtig umzugehen, bis Gefahren für Mensch und Umwelt ausgeschlossen werden können.

16 a) *So könntest du die Aufgabe gelöst haben:*
Die Behauptung des Schülers, er könne genauso gut leben, ohne etwas über die Nanotechnologie zu wissen, stellt für mich keine angemessene Schlussfolgerung dar. Einerseits ist es wichtig, sich mit den Vorteilen der Nanotechnologie zu beschäftigen und zu erfahren, dass sie „unseren Alltag ähnlich revolutionieren wie Dampfmaschinen oder der Computer" (M 1, Z. 23–24). Andererseits muss man sich auch mit den Gefahren der Nanopartikel beschäftigen.
Es ist wichtig, sich über die „Gesundheitsgefahren, die aus dem industriellen Einsatz in Nahrungsmitteln, Kleidungsstücken, Kosmetika und anderen Produkten resultieren können" (M 5, Z. 7–9), zu informieren und erst einmal vorsichtig mit diesen Produkten umzugehen.

b) *So könntest du geantwortet und deine Meinung begründet haben:*
Meiner Meinung nach hat die Schülerin mit dieser Aussage recht. Man merkt, dass die Autorin von Material 1 am Fraunhofer-Institut, also der größten europäischen Organisation für angewandte Forschung, angestellt ist, weil sie mehr auf die Fortschritte der Nanotechnologie im Bereich von Wissenschaft und Forschung eingeht. Material 5 warnt „vor Gesundheitsgefahren" (Z. 7) der Nanoteilchen und empfiehlt dem Leser, „so lange Vorsicht walten zu lassen, bis ihre Wirkungen in der Umwelt und auf die menschliche Gesundheit besser erforscht sind" (Z. 10–11). Im Gegensatz dazu betont Material 1, dass „Experten wahre ‚Wunderdinge' von den Winzlingen" (Z. 19–20) erwarten und dass sie „unseren Alltag ähnlich revolutionieren wie Dampfmaschinen oder der Computer" (Z. 23–24). Außerdem wird in Material 1 der Leiter des Fraunhofer-Verbunds Nanotechnologie zitiert (Z. 28–35).

*Zu der Prüfungsaufgabe bieten die Lösungen einen „Erwartungs-
horizont", der bei der Einschätzung der Ergebnisse hilft.
Darin werden auch Beispiele für wünschenswerte Beobachtungen
oder eigene Leistungen angegeben. Die Verteilung der Punkte
ist unverbindlich und kann angepasst werden.*

Wahlthema 1:

	Erwartung	Punkteverteilung
Form	- Der Text soll sinnvoll und verständlich gegliedert sein. - Die Handschrift ist gut lesbar.	4 %
Überschrift	- In der Überschrift wird der Text benannt, auf den sich der eigene Text bezieht. z. B.: Untersuchung des Sachtextes „Zwerge mit Riesenpotenzial"	5 %
Einleitung	- Titel, Autor/Autorin und Textsorte wurden richtig erkannt. - Der Adressatenkreis wurde möglichst genau beschrieben. z. B. wissenschaftlich interessierte Menschen	15 %

Hauptteil	- Das Thema des Textes wurde eigenständig formuliert.
	  z. B.: Möglichkeiten und Probleme der Nanotechnologie
	- Die im Text genannten Beispiele wurden möglichst umfassend wiedergegeben.
	  z. B.: Sonnenmilch, farbwechselnde Autolacke, kratzfeste Kunststoffgläser,
	  gut haftende Autoreifen, haltbarere Tennisbälle, hoch wirksame Krebsmedikamente,
	  Nahrungsmittel
	- Es wurde beschrieben, wie der Gegenstand und die Beispiele im Text bewertet werden.
	- hierbei einerseits Darstellung der Vorteile, andererseits Hinweis auf die Risiken;
	  kritischer/differenzierter Umgang mit dem Thema
	- Mögliche Fragen, die sich nicht mit dem Text beantworten lassen, wurden
	  aufgeschrieben.
	  z. B.: Kommen Nanoteilchen auch in natürlichen Stoffen vor? Was genau sind Nano-
	  teilchen und wie können sie hergestellt werden? Wie könnte man die Verwendung
	  von Nanoteilchen verhindern? Wie gefährlich sind Nanoteilchen?
		50 %

Schluss	- Die Argumentationsabsicht des Textes wird erläutert.
	  z. B. Text informiert, stellt Chancen und Probleme dar
	- Im Text genannte Argumente werden abgewogen und daraus ableitend der Text
	  bewertet.
	  z. B.: Für- und Gegenargumente werden verwendet, Text weitgehend objektiv
	  geschrieben
	- Möglicherweise unter Einbeziehung eigenen Wissens wurde eine Meinung zu dem
	  Thema formuliert.
		10 %

Sprache, Rechtschreibung, Grammatik	- Rechtschreibung, Grammatik und Zeichensetzung werden weitestgehend beherrscht
	  und sicher angewendet.
	- Es wird ein differenzierter Wortschatz verwendet, Satzbau und Ausdruck erfüllen
	  die Voraussetzungen der Standardsprache.
		16 %

Wahlthema 2:

	Erwartung	Punkteverteilung
Form	- Der Text soll sinnvoll und verständlich gegliedert sein. - Die Handschrift ist gut lesbar.	4 %
Überschrift	- Die Überschrift greift das Thema des Textes auf und erweckt Neugier. Unter Umständen werden Fragen aufgegriffen, die auch im Schlussteil verwendet werden. z. B.: Nanotechnologie, eine Gefahr für die Menschheit?, Nanotechnologie, eine technische Revolution? Ist der Nanotechnologie zu trauen?	5 %
Einleitung	- Der Gegenstand des eigenen Textes wurde knapp umrissen. z. B.: Informationen über Nanotechnologie	15 %
Hauptteil	- Das Thema des eigenen Textes wurde genau benannt. z. B.: Nutzen und Gefahren durch Nanotechnologie - Es wurde mit konkreten Angaben wie Beispielen, Zahlen, Daten etc. gearbeitet. z. B.: Teilchen aus Zink- oder Titandioxid, nur sichtbar mit Rasterelektronenmikroskop, Nanometer = milliardste Teil eines Meters, Vergleich Fußball/Erde, Umsätze auswerten, Beispiele für die Anwendung von Nanotechnologie, Auswirkungen auf den Alltag – Revolution vergleichbar mit Erfindung der Dampfmaschine oder des Computers, viele Fortschritte und Erleichterungen in z. B. Textil-, Nahrungsmittel- und Kosmetikbranche, Gefahren: durch winzige Größe Gefahr, in den menschlichen Körper zu gelangen und dort gesundheitliche Schäden anzurichten - Der Text ist klar strukturiert und übersichtlich gegliedert. - Es wurden Fragen formuliert, die zum Weiterdenken anregen.	50 %
Schluss	- Die aufgebaute Argumentationsstruktur wird genutzt, um die eigene Meinung zu formulieren, dabei werden Pro- und Kontra-Argumente einander gegenübergestellt. - Im letzten Teil des Textes wurden Fragen oder Appelle an den Leser/die Leserin gerichtet. - Die Quellenangaben werden vollständig genannt und korrekt angegeben.	10 %
Sprache, Rechtschreibung, Grammatik	- Rechtschreibung, Grammatik und Zeichensetzung werden weitestgehend beherrscht und sicher angewendet. - Es werden Fremd- und Fachwörter richtig verwendet. - Es wird ein differenzierter Wortschatz verwendet, Satzbau und Ausdruck erfüllen die Voraussetzungen der Standardsprache.	10 %
Zitation	- Die verwendeten Materialien werden richtig zitiert.	6 %

1 a) Prüfungsaufgaben verstehen (S. 20–23)

b) Der Textknacker für Sachtexte (vordere Umschlagklappe), Sachtexte erschließen und schreiben (S. 4–11), Stichworte notieren (vorderer Umschlag)

c) Stichworte notieren (vorne, innere Umschlagseite); Texte planen, schreiben, überprüfen und überarbeiten (vorne, innere Umschlagseite)

d) Texte planen, schreiben, überprüfen und überarbeiten (vorne, innere Umschlagseite); einen informativen Text schreiben, eine Argumentation schreiben (S. 12–15), zitieren (hintere Umschlagklappe)

Seite 32

2 a. Behörde – Substantiv, bei – Präposition, und – Konjunktion, empfiehlt – Verb, der – Artikel, besser – Adjektiv

b. Komparativ

c. empfehlen

3 Konjunktion

4 a) Präteritum
b) Präsens
c) Präsens

5 „Nanoschichten machten Kunststoffgläser kratzfest, maßgeschneiderter Ruß sorgte für gute Haftung bei den Autoreifen und neuartige Barrierefüllstoffe verhalfen Tennisbällen zu längerer Haltbarkeit." (M1, Z. 37–40)

Seite 33

6 Kleinste Partikel belasten den menschlichen Körper.
    Subj.   *Präd.*   *Obj.*

7 Die Nanotechnologie gibt Medizinern und Patienten große Hoffnung.
1. Objekt: Dativobjekt
2. Objekt: Akkusativobjekt

8 Der Nanowissenschaftler Prof. Wolfgang Heckl sagt, dass kein Lebensbereich und kein Zweig der Wirtschaft von den Auswirkungen der Nanotechnik unberührt bleiben werde.

9 1991 wurden kleinste Röhrchen aus Kohlenstoffatomen mit ungewöhnlichen Eigenschaften, die „Carbon-Nanotubes", von dem japanischen Forscher Sumio Iijima entdeckt.

10 Der Bau des ersten Rastertunnelmikroskops läutete 1981 die nanowissenschaftliche Revolution ein.

11 Die Zukunftstechnologie ist eine Technologie, also eine Lehre von der Technik und ihrer Anwendung, die in der Zukunft eine große Rolle spielen wird.

Das Marktpotenzial gibt an, wie gut ein Produkt auf einem bestimmten Markt verkauft werden kann.

Seite 34

1 a) Nanotechnologie beschreibt das Forschungsgebiet, das sich mit Nanoteilchen, also winzigen Partikeln mit nützlichen chemischen und physikalischen Eigenschaften, beschäftigt.

b) Nanotechnologie wird bereits in der Textil-, Nahrungsmittel- und Kosmetikbranche eingesetzt. Außerdem wird bei Alltagsgegenständen wie Autoreifen, Kunststoffgläsern und Tennisbällen Gebrauch von ihr gemacht.

c) Da die Nanopartikel so winzig sind, können sie sehr schnell in den menschlichen Körper gelangen und so die Gesundheit gefährden. Durch die Atmung können sie z. B. tief in die Lunge gelangen und dort Entzündungen verursachen.

d) Die Produkte der Nanotechnologie bieten den Menschen Erleichterungen im Alltag, Fortschritte in der Nahrungsmittel-, Textil- und Kosmetikindustrie sowie bessere Behandlungsmöglichkeiten in der Medizin.

Seite 35

4 a) Obwohl der Autor am Ende auch die Gefahren der Nanoteilchen erwähnt, äußert er sich doch eher für die Nanotechnologie. Das merkt man daran, dass er am Anfang die vielen Vorteile und die Erleichterungen, die diese Technologie im Alltag für den Menschen schaffen würde, aufzählt. Außerdem argumentiert der Autor damit, dass es auch ohne Nanotechnologie gesundheitsgefährdende Stoffe gibt, die in die Atmung des Menschen gelangen können.

b) In dem Text geht es um die Anwendungsfelder der Nanotechnologie in der Gegenwart und in der Zukunft, um die Vorteile der Nanoteilchen und um ihre Gefahren.

5 Je kleiner Partikel sind, desto einfacher können sie in den menschlichen Körper gelangen und dort gesundheitliche Schäden anrichten. Das Gleiche gilt auch für die Nanopartikel.

6 a) Die Nanotechnologie wird in Zukunft in immer mehr Bereichen der Industrie angewendet werden und dadurch einen steigenden Marktumsatz verursachen. Immer größere Fortschritte im Bereich der Auto-, Kosmetik- und Textilindustrie sowie in der Medizin werden mithilfe der Nanotechnologie erreicht werden. (M1, M2)

b) Die Nanotechnologie stellt eine technische Revolution dar, weil die Teilchen durch ihre nützlichen physikalischen und chemischen Eigenschaften enorme Fortschritte in vielen Bereichen der Industrie möglich machen. (M1, M5)

7 Die Nanoteilchen sind so winzig, dass sie durch die Atmung in den menschlichen Körper gelangen und dort gesundheitliche Schäden anrichten können. Tierversuche haben gezeigt, wie gefährlich die Teilchen sind. Sie können schlimme Krankheiten auslösen und sogar die Erbinformation schädigen.

2 *So könntest du den Text umgearbeitet haben.*
Die markierten Stellen zeigen die Umarbeitungen an:

Nanotechnologie in der Medizintechnik

Der Begriff „Nano" kommt von dem griechischen Wort
„nanos", das „Zwerg" bedeutet. [...]
Durch die Arbeit mit Nanoteilchen werden grundlegende
Zusammenhänge auf der Ebene der Moleküle und Atome
erforscht und neue Materialien mit vielversprechenden
Eigenschaften entwickelt.
Nanotechnologien werde aus der Sicht der Bundesregierung
als „Schlüsseltechnologien des 21. Jahrhunderts" betrachtet,
die unsere „Eintrittskarten in die Zukunft" darstellen, wie
Dr. Annette Schavan, die Bundesministerin für Bildung und
Forschung, sich dazu äußert. [...]

Anwendungsbeispiele in der Medizin

Nanopartikel sind nicht nur in Zahnpasta, Fliesen, Jacken
oder Brillengläsern enthalten. Sie spielen auch in der Medizin
eine immer größere Rolle. Forscher entwickeln neue Produkte
und Verfahren, mit denen Krankheiten besser bekämpft werden
können. Zwei Anwendungsbeispiele werden im Folgenden
genannt.

Nano-Krebstherapien

In den letzten Jahren wurde ein neuartiges Verfahren entwickelt.
Dieses dient zur lokalen Behandlung von Tumoren. Die Grund-
lage dafür bilden die eisenoxidhaltigen Nanopartikel, die zu
Therapiebeginn direkt in den Tumor eingebracht werden. [...]
Dadurch werden die Tumorzellen entweder direkt zerstört oder
für eine begleitende Radio- oder Chemotherapie sensibilisiert.

Gelenkimplantate

Durch den demografischen Wandel, also die Entwicklung
der Bevölkerung, nimmt die Lebenserwartung der Menschen
immer mehr zu. [...]

Knochenersatzmaterial

[...] Das Knochenersatzmaterial steht Zahnärzten, Implantologen, Parodontologen, Oralchirurgen und Mund-, Kiefer-,
Gesichtschirurgen in den vielfältigen Indikationsbereichen
der Knochenregeneration zur Verfügung. [...]

1 Es geht um die Frage, ob alle Jugendlichen zu einem sozialen
Jahr verpflichtet werden sollten.

2 a) trifft zu
b) trifft zu
c) trifft nicht zu
d) trifft nicht zu
e) trifft nicht zu
f) trifft zu
g) trifft zu
h) trifft zu
i) trifft nicht zu
j) trifft zu

3 ... die Gesellschaft.

4 bereichernde und prägende Erfahrungen, praktische Lebens-
erfahrung, soziale Kompetenzen

5 ... Verbände und Organisationen, die Zivildienstleistende
beschäftigen.

6 Die unterschiedlichen Verbände wären strukturell überfordert,
weil sie nicht so viele freie Stellen hätten, in denen sie die
500 000 bis 700 000 Jugendlichen, die einen Pflichtdienst
leisten müssten, unterbringen könnten.

7 ... die Jugendlichen, wenn sie unmotiviert sind, den Patienten
nicht helfen, sondern sie nur verärgern würden.

8 Winfried Hassemer hält den Wehrdienst für doppelt ungerecht,
weil im Endeffekt nur sehr wenige wirklich zur Bundeswehr
gehen mussten und die Mädchen dabei gar keine Rolle
spielten.

9 Mit „sensiblen Bereichen" sind die Arbeitsfelder gemeint,
in denen man vorsichtig und gefühlvoll mit den Patienten
umgehen muss.

10 widerlegt

Zu der Prüfungsaufgabe bieten die Lösungen einen „Erwartungs-horizont", der bei der Einschätzung der Ergebnisse hilft.
Darin werden auch Beispiele für wünschenswerte Beobachtungen
oder eigene Leistungen angegeben. Die Verteilung der Punkte
ist unverbindlich und kann angepasst werden.

	Erwartung	Punkteverteilung
Form	*- Die Textsorte „Leserbrief" ist klar erkennbar.* z. B.: Absender links oben, Adresse des Empfängers, Ort und Datum, Betreff, Betreffzeile ohne Punkt am Ende, höfliche Anrede, Brieftext mit einer Leerzeile beginnen, Anredepronomen immer großschreiben, Grußformel ohne Komma, Unterschrift unter dem Brief *- Die Handschrift ist gut lesbar.*	20 %
Einleitung	*- Es wird in der Überschrift das Thema genannt.* z. B.: Leserbrief *- Es findet eine Entscheidung für einen Standpunkt statt. Der Standpunkt wird während des Leserbriefs eingehalten.* z. B.: für oder gegen ein soziales Pflichtjahr	4 %
Argumentation	*- Es werden Argumente für den Standpunkt gefunden und mit Beispielen belegt.* z. B.: pro soziales Pflichtjahr: Engpass im Pflegebereich, seitdem es keinen Zivildienst mehr gibt (vorher in Altenheimen viele Zivildienstleistende, die sich um viele Dinge kümmern konnten, für die die Schwestern und Pfleger keine Zeit haben); Jugendliche können bereichernde und prägende Erfahrungen sammeln (sammeln Erfahrungen außerhalb von Schule und Freundeskreis in einem Umfeld, in das sie u. U. nie hinein-gekommen wären); neue Berufsfelder können entdeckt werden (auch Jugendliche, die sich nicht vorstellen können, in einem sozialen Beruf zu arbeiten, erhalten die Gelegenheit, in diesem Umfeld für einen begrenzten Zeitraum tätig zu sein) kontra soziales Pflichtjahr: Eingriff in die Freiheitsrechte von Jugendlichen (Jugend-liche können nicht mehr selbst entscheiden, ob sie ein soziales Jahr machen wollen oder nicht); nicht mit dem Grundgesetz vereinbar (man müsste dafür die Verfassung ändern, was ein großer politischer Eingriff wäre); es gibt zu wenig Stellen für die Jugendlichen (schon jetzt gibt es teilweise zu viele Bewerber für ein soziales Jahr) *- Es werden Gegenargumente zu den eigenen Argumenten entwickelt und entkräftet.* *- Die Argumente werden ihrer Wichtigkeit nach aufgelistet.* *- Argumente und Gegenargumente werden in eine sinnvolle Reihenfolge gebracht.* Hierbei kann z. B. das Sanduhrprinzip (zuerst das stärkste Gegenargument entkräften, den Hauptteil mit dem stärksten Argument beenden) angewandt werden.	50 %
Schluss	*- Die eigene Meinung wird noch einmal zusammengefasst.*	10 %
Sprache, Rechtschreibung, Grammatik	*- Rechtschreibung, Grammatik und Zeichensetzung werden weitestgehend beherrscht und sicher angewendet.* *- Es wird ein differenzierter Wortschatz verwendet, Satzbau und Ausdruck erfüllen die Voraussetzungen der Standardsprache.* *- Stilmittel wie rhetorische Fragen oder Metaphern sowie die indirekte Rede werden verwendet.*	16 %

1 Präsens

2 Die Gesellschaft wird ärmer, wenn junge Menschen von jeder Art von Herausforderungen, etwas für die Gesellschaft zu tun, verschont bleiben. – c) = Satzgefüge

Darüber hinaus sei ein soziales Jahr auch für Jugendliche selbst ein attraktives Angebot. – a) = Hauptsatz

Junge Männer müssen keinen Wehr- oder Ersatzdienst mehr leisten, den kommenden Generationen wird eine Herausforderung vorenthalten und die Gesellschaft wird ärmer. – b) = Satzreihe / Satzverbindung

3 Der Konjunktiv wird hier verwendet, um die indirekte Rede wiederzugeben.

4 Nachdem die allgemeine Wehrpflicht ausgesetzt wurde und der Zivildienst weggefallen ist, fordern mehr und mehr Politiker ein soziales Pflichtjahr für alle Schulabgänger.

5 Für die Jugendlichen wird viel vom Staat getan. Auf das Grundgesetz hingegen wird von den Gegnern des sozialen Pflichtjahrs verwiesen.

6 Verbform (Konjunktiv II): verursachten
Verb (Konjunktiv I): seien
Verb (Infinitiv): gebrauchen
Relativpronomen: die
Artikel: der
Adjektiv: unwilligen
Präposition: in
Konjunktion: und

7 „Das soziale Pflichtjahr hingegen würde alle Schulabgänger und beide Geschlechter berücksichtigen."

8 ließe: Nach einem langen Vokal folgt ein ß.
Verfassung: Nach einem kurzen Vokal folgt ein ss.

9 „Besser wäre es, wenn die Bundesländer endlich mehr Geld für die Freiwilligendienste zur Verfügung stellten." – Satzgefüge aus Hauptsatz und Nebensatz

10 Das Stilmittel der rhetorischen Frage wird hier verwendet, um den Leser selbst zum Nachdenken anzuregen. Er soll sich dadurch seine eigene Meinung zu dem Thema bilden können.

1 für den Ausbau des sozialen Pflichtjahrs: b), c), e), i), l), n), p)
gegen ein soziales Pflichtjahr: a), d), f), g), i), k), o)
ungeeignet: h), j), m)

3 *So könntest du die Argumente entkräftet haben:*
a) Es ist zwar richtig, dass das soziale Pflichtjahr momentan verfassungswidrig ist, doch könnte man darüber eine politische Entscheidung fällen und die Verfassung z. B. abändern.

b) Zwar behaupten einige, dass die Arbeit im Pflegebereich vom bestehenden Personal allein nicht geleistet werden kann, aber schon jetzt können Hilfsverbände nicht alle Interessenten unterbringen.

c) Auch wenn ein Pflichtjahr ein attraktives Angebot für die Jugendlichen ist, wäre es doch auch eine Einschränkung der persönlichen Entfaltungsmöglichkeiten.

5 Die Jugendlichen haben nach der Schule das beste Alter für ein soziales Jahr.

1 *Die markierten Stellen soltest du verbessert haben.*

anima 1: Kaum wird über das Ende der Wehrpflicht und des Ersatzdienstes gesprochen, entdecken einige Politiker, dass sich dadurch eine Lücke auftut. Die billigen Arbeitskräfte des Ersatzdienstes werden nicht mehr zur Verfügung stehen.

bojarXX: Ich finde die Idee eines sozialen Pflichtjahrs für alle gar nicht so verkehrt. Mal abgesehen davon, dass dadurch die Kosten des Gesundheitswesens stark gesenkt werden.

citronella: Ein soziales Pflichtjahr ist durchaus von Vorteil und vor allem gerechter als die heutige Wehrpflicht. Der soziale Dienst würde jungen Leuten außerdem auch ein Verständnis für soziale Verantwortung näherbringen.

destroja: Es gibt eine ganze Menge Menschen, die man im Zug sieht, wenn sie am Sonntagabend wieder in die Kaserne fahren. Ich möchte sie nicht in die Nähe von Kranken, Behinderten, Alten und Kindern lassen. Ich habe schon sehr oft Jugendliche gesehen, die ich für ein soziales Pflichtjahr für ungeeignet halte.

3hr3nM4nn: Ich finde es besonders lächerlich, wenn das soziale Pflichtjahr auch noch als „Solidarität" zwischen den Generationen verkauft wird. Als müssten die Jugendlichen in Zukunft alle einen Rentner mitfinanzieren und zum Dank auch noch Studiengebühren zahlen! Dürfen wir davon ausgehen, dass dann als ausgleichender Akt der „Solidarität" die Steuersätze für über 65-jährige erhöht werden? Besonders sinnlos finde ich den Hinweis, dass ein soziales Jahr bei der Lehrstellensuche positiv berücksichtigt werden soll. Als ob die Unternehmen einen Azubi einstellen würden, der ein bis zwei Jahre älter ist als seine Mitbewerber.

f3hl3r03: Unternehmen sind auf Gewinne ausgerichtet. Da gelten soziale Belange nicht viel. Einen Bewerber, der auch nur ein Jahr verloren hat, stellt niemand mehr ein. Da muss man sich nur mal das Theater ansehen, wenn jemand ein Semester mehr studiert hat. Die Personalchefs wollen überall nur die Besten der Besten – und das möglichst umsonst.

gussi97: Aber vielleicht möchte die Regierung die Unternehmen auch zwingen, diese Bewerber bevorzugt einzustellen. Ich glaube, für das fällige Geld könnte man dann auch gleich ausgebildete Kranken- und Altenpfleger einstellen. Da gibt es mittlerweile auch genügend, die arbeitslos sind.

hoelli404: Ich bin der Meinung, dass jeder Jugendliche sich zumindest einmal in seinem Leben sozial engagieren sollte! Die meisten tun so etwas nämlich nicht von selbst, weil sie diese „Mir doch egal"-Mentalität haben. Da sollte man zwischen Mädchen und Jungen auch keinen Unterschied machen. Die allgemeine Wehrpflicht finde ich sowieso nicht gut.

1 … vom späten Nachmittag bis 3 Uhr früh.

2 … nervös, weil er nicht weiß, wie er sein bisheriges Verhalten erklären soll.

3 **a.** Der Mann läuft aus einer kleineren Seitenstraße, in der er wohnt, los und überquert dabei erst die Lexington Avenue, dann die Park Avenue, die Madison Avenue und danach die Fifth Avenue. Am Broadway angekommen, läuft er diesen entlang, vorbei am Times Square, und geht dann kurz vor dem Columbus Circle in ein Lokal.

4 Die Angabe steht nicht im Text.

5 Von ihrem Wohnort steigt sie in das Flugzeug nach New York City. Der Flug wird wegen des Schneesturms nach Boston umgeleitet. Vom Flughafen in Boston wird sie zum Bahnhof gebracht. Von dort fährt sie mit dem Zug nach Manhattan. Der Zug bleibt auf halber Strecke im Schnee stecken, deswegen kommt sie Stunden später in Manhattan an. Ein Taxi bringt sie bis zur Lexington Avenue. Dann kann es wegen des hohen Schnees nicht weiterfahren. Der Taxifahrer bringt sie und ihren Koffer bis zum Haus des Mannes.

6 a) „Das letzte Mal hatte er ihr Blumen aus dem Automaten gekauft […].“ (Z. 7)

b) „Er wusste, dass sie eine Erklärung verlangen würde, und wusste, dass er keine hatte. Er hatte nie Erklärungen gehabt, aber er war sich immer sicher gewesen.“ (Z. 14–16)

c) „Als er sie küssen wollte, umarmte sie ihn.“ (Z. 97–98)

7 a) „Sie hatte ihm eine Nachricht hinterlassen, auf dem Anrufbeantworter.“ (Z. 79)

b) „Der Anruf war vor einer Stunde gekommen.“ (Z. 82)

8 … er Hunger hat und überlegt, dass sie bei der Ankunft hungrig sein wird.

9 früheres Verhalten: nimmt wenig Rücksicht, ist nicht sehr liebevoll (holt sie mit lieblos aus dem Automaten gekauften Blumen vom Flughafen ab und fährt mit ihr trotz ihrer Anstrengung noch lange mit der U-Bahn, Z. 7–8); achtet nicht darauf, was sie gerne isst (Z. 76–78); hat keine Erklärungen für sein Verhalten ihr gegenüber (Z. 15–16)

jetzt: nimmt sich den Tag extra frei (Z. 1–2); versteht im Nachhinein, dass sie lieber Taxi fahren möchte, und respektiert ihren Wunsch, nicht abgeholt zu werden (Z. 6–10); macht sich Sorgen um sie, als sich der Flug verspätet (Z. 32); denkt über ihre Bedürfnisse (Hunger nach der langen Reise) nach (Z. 44); läuft durch den Schneesturm, um für sie (und für sich) etwas zu essen einzukaufen (Z. 41–44); denkt darüber nach, was ihr schmecken könnte (Z. 75–78)

10 … ungläubig, weil er kaum glauben kann, dass sie wirklich da ist.

11 sie wartet ab (Z. 96–97); reagiert ihm gegenüber erst etwas kühl (Z. 97–98); ist müde (Z. 99); nachdem sie ihm von ihrer Reise erzählt, wird sie etwas fröhlicher (Z. 112); möchte mit ihm über ihre Beziehung reden (Z. 113–114)

12 **a.** Die Menschen richten sich auf das Wetter ein. Einige sind erstaunt.

b. *Diese Zitate könntest du z. B. gefunden haben:*
- „Die Stimmung war festlich, niemand sprach, es war, als seien sie alle Zeugen eines Wunders.“ (Z. 66–67)
- „Aber die Moderatoren, die man hinausgeschickt hatte und die, dick angezogen, in Mikrofone mit groteskem Windschutz sprachen, waren guter Laune und warfen Schneebälle in die Luft […].“ (Z. 28–30)

13 langsam fahrende Autos (Z. 21), Fußgänger stemmen sich gegen den Wind (Z. 22–23), Taxis fahren im Schritttempo (Z. 39), zu Fuß quer durch die Stadt gehen (Z. 52), auf Langlaufskiern (Z. 58)

14 a) trifft zu

b) trifft nicht zu

c) trifft zu

d) trifft nicht zu

15 a) trifft nicht zu

b) trifft nicht zu

c) trifft zu

d) trifft zu

16 a) trifft zu

b) trifft zu

c) trifft nicht zu

d) trifft nicht zu

17 Am Ende der Kurzgeschichte möchte die Frau den Mann zur Rede stellen. Sie fragt ihn, warum er sie unbedingt sehen wollte, und er freut sich einfach nur, dass sie da ist. Man erfährt nicht, ob die beiden nun glücklich miteinander werden.

*Zu der Prüfungsaufgabe bieten die Lösungen einen „Erwartungs-
horizont", der bei der Einschätzung der Ergebnisse hilft.
Darin werden auch Beispiele für wünschenswerte Beobachtungen
oder eigene Leistungen angegeben. Die Verteilung der Punkte
ist unverbindlich und kann angepasst werden.*

Arbeitsauftrag 1:

	Erwartung	Punkteverteilung
Form	- *Der Text sollte sinnvoll und verständlich gegliedert sein. Er ist in vollständigen Sätzen geschrieben.* - *Die Handschrift ist gut lesbar.*	4%
Einleitung	- *Titel der Kurzgeschichte, Autor/Autorin und Thema wurden richtig erkannt.* - *Es wird, möglichst schon in der Überschrift, darauf verwiesen, dass der eigene Text eine Interpretation ist.* z. B.: Interpretation der Kurzgeschichte „Die ganze Nacht" von Peter Stamm	20%
Hauptteil	- *Der Inhalt der Kurzgeschichte wird kurz zusammengefasst und die Erzählperspektive wird richtig nachgewiesen.* z. B.: Ein Mann, die Hauptfigur der Kurzgeschichte, wartet auf eine Frau, die am Tag der Handlung zu ihm nach New York kommen will. Da ein Schneesturm die Reise der Frau verzögert, muss der Mann länger auf sie warten. In dieser Zeit geht der Mann etwas zu essen kaufen und denkt über die Frau und ihr Verhältnis zueinander nach. Am Schluss der Geschichte ist der Mann froh, als die Frau bei ihm ankommt. - *Die Merkmale der Kurzgeschichte werden am Text nachgewiesen.* z. B.: unvermittelter Einstieg – Handlung setzt unvermittelt mit der Aussage ein, dass es in der Nacht angefangen habe zu schneien; geringe Anzahl von Figuren – Hauptfigur und eine Nebenfigur (die Frau), Menschen, die den beiden Figuren begegnen, wie z. B. ein Kellner, Gäste in einem Lokal und ein Taxifahrer; alltägliches Geschehen – ein Mann wartet auf eine Frau, die sich verspätet; kurzer Zeitraum – Handlung beginnt am späten Nachmittag und endet um drei Uhr morgens; Wendepunkt im Leben der Hauptfigur – Hauptfigur hatte die Frau kommen lassen, um mit ihr über etwas zu reden; nachdem er die ganze Nacht auf sie gewartet hat, antwortet er auf ihre Frage, worüber er mit ihr hatte reden wollen, ausweichend und spricht das Thema nicht an; offenes Ende – Leser erfährt nicht, wie das Leben des Mannes und der Frau weitergeht, ob sie z. B. miteinander glücklich werden - *Die Hauptfigur und die zweite wichtige Figur werden charakterisiert.* z. B.: Hauptfigur – männlich, berufstätig, wohnt in Manhattan/New York City, hat ein Telefon, aber kein Handy, trinkt gerne Bier und Wodka, spricht wenig, Namen, Aussehen und Alter nicht bekannt; die Frau – Namen, Aussehen, Alter nicht bekannt, hat ausreichend Geld für ein Taxi, erzählt gern und trinkt Wodka - *Das Verhältnis zwischen Hauptfigur und der zweiten wichtigen Figur wird dargestellt.* z. B.: sind möglicherweise ein Paar oder waren es einmal, er hat früher nicht sehr viel Rücksicht auf sie und ihre Bedürfnisse genommen, Verhältnis ändert sich im Laufe der Kurzgeschichte, achtet nun auf die Frau, ihre Bedürfnisse und Vorlieben - *Es wird nachgewiesen, welche Rolle die sprachlichen Bilder (Wetter, Verkehrsmittel und Verkehrswege) in der Kurzgeschichte haben.* z. B.: Wetter – Schnee als Hindernis zur Aussprache, gleichzeitig beruhigend; Verkehrsmittel – in der Stadt nur langsame Bewegungen möglich, wie auch in der Beziehung des Mannes und der Frau; Verkehrswege – verschlungene und teilweise schwierige Wege mit Umwegen, so auch die Beziehung zwischen dem Mann und der Frau, in der nicht genau feststeht, wie die Zukunft ihrer Beziehung aussieht. - *Die Überschrift wird gedeutet.* z. B.: in der Nacht geschehen viele Dinge, die länger dauern; die Frau ist die ganze Nacht auf dem Weg zu dem Mann, der Mann wartet die ganze Nacht auf die Frau, es schneit die ganze Nacht	50%
Schluss	- *Die Kurzgeschichte wird bewertet.* - *Die eigene Meinung wird formuliert.*	10%
Sprache, Rechtschreibung, Grammatik	- *Rechtschreibung, Grammatik und Zeichensetzung werden weitestgehend beherrscht und sicher angewendet.* - *Es wird ein differenzierter Wortschatz verwendet, Satzbau und Ausdruck erfüllen die Voraussetzungen der Standardsprache.*	16%

Arbeitsauftrag 2:

	Erwartung	Punkteverteilung
Form	- Es liegt eine eindeutige Entscheidung für die Textform Tagebucheintrag, Parallel-geschichte, alternatives Ende oder Erörterung vor. - Die Handschrift ist gut lesbar.	20%
Text	- Es sollte ein enger Bezug zum Ausgangstext vorliegen. - Es werden die Merkmale der gewählten Textform beachtet. a) Tagebucheintrag – Der Eintrag wird aus Sicht einer der beiden Figuren geschrieben. Die Ereignisse werden im Präteritum erzählt, die Gedanken im Präsens. b) Parallelgeschichte und c) alternatives Ende – Es wird eine Parallelgeschichte aus der Sicht der Frau/ein alternatives Ende geschrieben. Es sollten die Erzählweise (unvermittelter Einstieg, wenige handelnde Figuren, kurzer Ausschnitt, alltägliches Geschehen, Wendepunkt, offenes Ende) und die Zeitformen der Kurzgeschichte verwendet werden. d) Erörterung – Das Verhalten des Mannes wird erörtert. Ein eigener Standpunkt wird gefunden und mit Argumenten belegt. Es wird auf die Frage eingegangen, ob der Mann der Frau überzeugend zeigt, dass er sie liebt.	65%
Sprache, Rechtschreibung, Grammatik	- Rechtschreibung, Grammatik und Zeichensetzung werden weitestgehend beherrscht und sicher angewendet. - Es wird ein differenzierter Wortschatz verwendet, Satzbau und Ausdruck erfüllen die Voraussetzungen der Standardsprache.	15%

Seite 58

1 **a.** Relativsatz

b. Die Taxis fuhren im Schritttempo.

2 **a.** Adjektiv – *ganze*
Nomen – *Nacht*
Verb – *stand*
Konjunktion – *dass*
Präposition – *vor*
Artikel – *den*
Personalpronomen – *es*
Adverb – *inzwischen*

b. Akkusativ

c. stehen

3 Teil des Verbs

4 **a.** wusste, hatte: *Präteritum*
hatte gehabt, war gewesen: *Plusquamperfekt*

b. Er hat nie Erklärungen, aber er ist sich immer sicher.

Seite 59

5 **a.** Konjunktiv I

b. Der Konjunktiv I wird verwendet, um die indirekte Rede wiederzugeben.

6 Sie sagte, sie sei so unglaublich müde. Er würde den Schnee lieben, sagte er.

7 „Eine Stunde später steht er wieder am Fenster. Es schneit noch immer, heftiger als zuvor, es ist ein richtiger Schnee-sturm. Der Hausmeister gibt seinen Kampf auf. Alles ist jetzt weiß, selbst die Luft scheint weiß zu sein oder vom hellen Grau der einsetzenden Dämmerung, das kaum zu unterscheiden ist vom Weiß des fallenden Schnees." (Z.17–21)

8 1. Objekt: Dativobjekt
2. Objekt: Akkusativobjekt

9 Ein Konvoi sind mehrere Landfahrzeuge oder Schiffe, die eine gemeinsame Fahrt durchführen.

Seite 60

1 a) Die Hauptfigur ist ein Mann, der auf den Besuch einer Frau wartet.
b) Er wünscht sich, dass die Frau bald kommt.
c) Ein Schneesturm unterbricht die Reise der Frau und der Mann muss länger auf sie warten.
d) Die Zeit, in der er wartet, nutzt er, um etwas zu essen einzukaufen.
e) Am Ende kommt die Frau bei dem Mann an und er ist sehr froh darüber.

2 **a.** Merkmale einer Kurzgeschichte
Charakteristisch für eine Kurzgeschichte ist ein *unvermittelter* **Einstieg** und es gibt meist nur eine *geringe* **Anzahl an Figuren**. Obwohl eine Kurzgeschichte meist nur einen *kurzen* **Ausschnitt** aus einem *alltäglichen* **Geschehen** erzählt, wird darin oft ein **entscheidender Moment** (ein *Wendepunkt*) im Leben der Hauptfigur dargestellt. Typisch für die Kurzgeschichte ist ein *offenes* **Ende**.

b. und **c.**

Merkmal	trifft auf „Die ganze Nacht" zu, weil …
unvermittelter Einstieg	✗ Hauptfigur nicht vorgestellt, keine Einführung
geringe Anzahl an Figuren	✗ Nur zwei Figuren sind an der Haupthandlung beteiligt.
kurzer Ausschnitt	✗ vom Nachmittag bis 3 Uhr nachts
alltägliches Geschehen	✗ Ein Mann bekommt Besuch von einer Frau.
Wendepunkt	✗ Der Mann ändert sein Verhalten.
offenes Ende	✗ Man weiß nicht, ob die beiden nun glücklich werden.

3 *Diese Fakten hast du bestimmt gefunden und diese Vermutungen und offenen Fragen möglicherweise notiert.*

	Fakten	Vermutungen/ offene Fragen
Haupt-figur (Mann)	Wohnort: eine Seiten-straße der Lexington Avenue in Manhattan/ New York City, schaut aus dem Fenster und beobachtet das Gesche-hen draußen, sieht fern, hat ein Telefon, aber kein Handy, trinkt gerne Bier und Wodka, Kleidung, als er raus-geht: warmer Mantel und Gummistiefel (hat keine anderen hohen Schuhe), als sie ankommt: T-Shirt und Shorts, spricht wenig	Name: unbekannt, Alter: vermutlich zwischen 30 und 50, Beruf: unbekannt, Aussehen: wird nicht beschrieben, Art und Dauer der Beziehung zur Frau werden nicht richtig deutlich, wahr-scheinlich kennen sie sich schon eine ganze Weile und waren einmal oder sind sogar ein Paar
die Frau	hat genug Geld für ein Taxi, hat einen großen roten Koffer, warme Kleidung, erzählt viel, trinkt Wodka	Name: unbekannt, Alter: vermutlich zwischen 30 und 50, Wohnort: unbekannt, Beruf: unbekannt, Aussehen: wird nicht beschrieben, Art und Dauer der Beziehung zum Mann werden nicht richtig deutlich, vermutlich kennen sie sich schon länger und waren oder sind ein Paar

4 *Diese Textstellen solltest du markiert haben:*
„Er wusste, dass sie eine Erklärung verlangen würde, und wusste, dass er keine hatte. Er hatte nie Erklärungen gehabt, aber er war sich immer sicher gewesen." – Die beiden kennen sich schon lange, aber ihre Beziehung hat nie richtig funktioniert.

„Sie sagte, sie freue sich auf ihn, und er sagte, sie solle auf sich aufpassen. Sie sagte, bis später, und legte sofort auf." – Er macht sich Sorgen um sie, und obwohl sie sich freut, ihn wiederzusehen, scheint sie auch etwas angespannt oder verärgert ihm gegenüber zu sein.

„Er dachte, dass er etwas einkaufen sollte. Sie würde bestimmt hungrig sein nach der langen Reise. [...] Er hatte sich ein Sand-wich für sie einpacken lassen und gemerkt, dass er nicht wusste, was sie mochte. Er hatte eins mit Schinken und Käse genommen. Keine Majonäse, keine Pickles, das wusste er noch." – Er sorgt sich um sie und stellt fest, dass er nur wenig über sie weiß.

„Sie stand einfach nur da, neben ihrem großen roten Koffer, und wartete. Er trat auf sie zu." – Der Mann und die Frau sind unsicher, wie sie sich zueinander verhalten sollen. Wahrscheinlich war ihre Beziehung in der Vergangenheit nicht immer einfach.

5 **Blumen aus dem Automaten:** Lieblosigkeit des Mannes

Verkehrsmittel: langsame Bewegungen auf der Straße stehen für die langsame Bewegung in der Beziehung der beiden

Schnee: Hindernis auf dem Weg zur Aussprache, gleichzeitig auch beruhigend

Schneesturm: Gefahr einer Katastrophe, auch ihre Beziehung könnte zerstört werden

6 **a.** „‚Vielleicht die ganze Nacht‘, sagte der Kellner und lachte." (Z. 74) – Möglicherweise bleibt das Lokal die ganze Nacht über geöffnet.
„In New York sei das Schlimmste vorüber, sagte der Mann und lächelte, aber es werde wohl noch die ganze Nacht schneien." (Z. 85–86)

b. Die Frau ist die ganze Nacht auf ihrer Reise zu dem Mann unterwegs.

c. Der Mann wartet die ganze Nacht auf sie.

*Zu der Prüfungsaufgabe bieten die Lösungen einen „Erwartungs-
horizont", der bei der Einschätzung der Ergebnisse hilft.
Darin werden auch Beispiele für wünschenswerte Beobachtungen
oder eigene Leistungen angegeben. Die Verteilung der Punkte
ist unverbindlich und kann angepasst werden.*

	Erwartung	Punkteverteilung
Form	- Der Text sollte sinnvoll und verständlich gegliedert sein. Er ist in vollständigen Sätzen geschrieben. - Die Handschrift ist gut lesbar, es kann auch mit dem Computer geschrieben werden.	4 %
Einleitung	- Titel der Kurzgeschichte, Autor/Autorin und Thema werden richtig erkannt. - Es wird, möglichst schon in der Überschrift, darauf verwiesen, dass der eigene Text eine Interpretation ist. z. B.: Analyse des Gedichts „Ermutigung" von Wolf Biermann	20 %
Hauptteil	- Der Inhalt sollte kurz zusammengefasst werden. z. B.: Aufforderung eines Gegenübers, sich von den harten Zeiten nicht unterkriegen zu lassen, die Hoffnung nicht zu verlieren - Die Überschrift wird unter Einbeziehung des ersten Eindrucks und eigenen Vorwissens gedeutet. z. B.: Ermutigung – Unterstützung von jemandem; Aufforderung, sich nicht unterkriegen zu lassen - Das lyrische Ich wird untersucht, dabei werden folgende Fragen beantwortet: Wer spricht? Wer wird angesprochen? Wie wird die Person angesprochen? Die Widmung des Gedichts wird dabei beachtet. z. B.: Das lyrische Ich wendet sich direkt an ein Gegenüber, der Angesprochene ist möglicherweise ein Bekannter oder Freund des Sprechers, wahrscheinlich Peter Huchel, da das Gedicht ihm gewidmet ist, die Person wird mit „Du" und mit Imperativen angesprochen. - Der Aufbau des Gedichts und dessen Reimschema werden untersucht. z. B.: Überschrift, Widmung, fünf Strophen, je fünf Verse; Reimschema abaab (außer 1. Strophe), Metrum: auftaktiger, dreihebiger Jambus, anaphorisches „Du" in Strophe 1–4 - Es könnte die Wirkung der jeweils verwandten Wörter in den ersten beiden Versen jeder Strophe beschrieben werden. z. B.: Wortspiel; die Zeiten, in denen der Sprecher und der Angesprochene leben, werden beschrieben; es wird gezeigt, wie sie sich auf die Personen auswirken, die in ihr leben. - Die sprachlichen Mittel und deren Wirkung auf die Leser werden beschrieben. z. B.: „die Herrschenden" – die Regierung erhebt sich über das Volk, unterdrückt es; „hinter Gittern" – die Menschen sind eingesperrt, überwacht, isoliert; „dass wir die Waffen strecken" – die „Herrschenden" wollen die Menschen „hinter Gittern" dazu bringen, aufzugeben; Wirkung auf den Leser: Atmosphäre der Unterdrückung und des Unrechts; kämpferischer Ton/Aufforderung, sich zu wehren - Die letzte Strophe könnte gesondert untersucht werden. Dabei kann auf die Änderung der Anrede und die Aussage am Ende der Strophe eingegangen werden. z. B.: nicht mehr das „Du", das „Wir" wird angesprochen; lyrisches Ich bezieht sich in dieses Wir mit ein; „Grün" steht für einen Neuanfang im Frühling, eine mögliche Überwindung der „harten Zeiten" - Die Ergebnisse werden vor dem zeitgeschichtlichen Hintergrund überprüft. z. B.: Wolf Biermann und sein Freund Peter Huchel lebten zur Entstehungszeit des Gedichts in der DDR; Huchel war weitgehend von der Außenwelt isoliert und vom Ministerium für Staatssicherheit bewacht; Biermann selbst durfte auch nicht auftreten oder veröffentlichen; lebten beide wie in einem Gefängnis und waren dabei, die Hoffnung zu verlieren. - Es wird Stellung zu dem Gedicht genommen.	45 %
Schluss	- Die Ergebnisse werden kurz zusammengefasst. - Eine eigene Meinung zu dem Gedicht wird formuliert.	15 %
Sprache, Rechtschreibung, Grammatik	- Rechtschreibung, Grammatik und Zeichensetzung werden weitestgehend beherrscht und sicher angewendet. - Es wird ein differenzierter Wortschatz verwendet, Satzbau und Ausdruck erfüllen die Voraussetzungen der Standardsprache. - Die Regeln für korrektes Zitieren sollten berücksichtigt werden. - Beobachtungen und Deutungen sind mit geeigneten Überleitungen verbunden.	16 %

2 *Das könnte dein erster Eindruck von dem Gedicht sein:*
Beim Lesen des Gedichtes entsteht bei mir der Eindruck,
als würde jemand direkt dazu aufgefordert werden,
sich nicht unterkriegen zu lassen.

3 **a.** *Vielleicht stellst du dir Ermutigung so vor:*
Ermutigung bedeutet für mich Unterstützung und
die Aufforderung an jemanden, sich nicht unterkriegen
zu lassen.

b. *So könnte dein Akrostichon aussehen:*
Ermutigen zu etwas
Renitenz
Meinung sagen
Unerschrocken
Trau dich
Intention
Gegenüber direkt ansprechen
Ermuntern
Nein sagen

4 Der Sprecher in dem Gedicht wendet sich direkt an
ein Gegenüber.
Der Angesprochene ist möglicherweise ein Bekannter
oder Freund des Sprechers, wahrscheinlich Peter Huchel,
da das Gedicht ihm gewidmet ist.
Die Person wird direkt mit „Du" und mit Imperativen
angesprochen.

5

Strophe	Zitat (Zeilenangabe)	Bedeutung
1. Strophe	„Du, lass dich nicht verhärten" (Z.1)	die Aufforderung, nicht zu verbittern
2. Strophe	„Du, lass dich nicht verbittern" (Z.6)	die Aufforderung, hoffnungsvoll zu bleiben
3. Strophe	„Du, lass dich nicht erschrecken" (Z.11)	die Aufforderung, ruhig zu bleiben
4. Strophe	„Du, lass dich nicht verbrauchen" (Z.16)	die Aufforderung, sich nicht ausnutzen zu lassen

6 Das Gedicht „Ermutigung" fordert ein Gegenüber auf,
sich nicht von den harten Zeiten unterkriegen zu lassen
und die Hoffnung auf bessere Zeiten nicht zu verlieren.

7 Das Gedicht hat fünf Strophen mit jeweils fünf Versen.

8 Das Reimschema ist unregelmäßig. Außer in der ersten
Strophe kann man eine Mischung aus Paarreim und
umarmendem Reim nach dem Schema abaab erkennen.

9 **a.** 1. Strophe: „verhärten" + „harten"
2. Strophe: „verbittern" + „bittren"
3. Strophe: „erschrecken" + „Schreckenszeit"
4. Strophe: „verbrauchen" + „Gebrauche"
5. Strophe: „verschweigen" + „Schweigezeit"

b. Durch dieses Wortspiel werden die Zeiten, in denen der
Sprecher und der Angesprochene leben, beschrieben, und
es wird gezeigt, wie diese sich auf die Menschen auswirken.

11 In der ersten Strophe wird über einen Menschen gesprochen,
der mit dem Personalpronomen „du" angesprochen wird.
Es wird nirgends erwähnt, dass es sich um einen Schriftsteller
handelt.

12 „Die Herrschenden" (Z.8): die Regierung

„hinter Gittern" (Z.9): eingesperrt, überwacht, isoliert

„Dass wir die Waffen strecken" (Z.14): dass wir aufgeben

13 **a.** In der letzten Strophe wird nicht mehr das „Du", sondern
ein „Wir" angesprochen. Der Sprecher bezieht sich mit ein
und zeigt damit, dass er etwas mit dem Angesprochenen
gemeinsam hat.

b. Mit dem ausbrechenden „Grün" (Z.23) ist ein kommender
„Frühling", also ein Neuanfang für bessere Zeiten oder
neue Möglichkeiten, gemeint.

2 **b.**

Formale und sprachliche Mittel	Beobachtung	Inhaltliche Bedeutung und Funktion
äußere Form	Überschrift, Widmung, 5 Strophen à 5 Verse, Reimschema: abaab (außer 1. Strophe), Metrum: auftaktiger dreihebiger Jambus, anaphorisches „Du" in den Strophen 1 bis 4	- appellative Funktion, direkte Anrede Peter Huchels oder auch anderer Leser in ähnlicher Situation - Regelmäßigkeit – Harmonie gegenüber der Disharmonie im Staat / im politischen System
lyrisches Ich	bezieht sich am Ende selbst mit ein	Gemeinschaftsgefühl, Unterdrückte müssen zusammenhalten
Angesprochene	Bekannter oder Freund des lyrischen Ichs, möglicherweise Peter Huchel, aber gleichzeitig auch alle Leser	Aufforderung an alle, die von der Regierung unterdrückt werden, sich zu wehren
sprachliche Bilder	„Die Herrschenden"	die Regierung
	„hinter Gittern"	stellt dar, dass sich die Menschen eingesperrt fühlen
	„Dass wir die Waffen strecken"	einen Kampf aufgeben
	„Das Grün bricht aus den Zweigen"	macht Hoffnung
Stil	einfach, Umgangssprache, Verkürzungen	menschliche Note zum ernsten Thema, wendet sich an alle Leser, Gemeinsamkeit

So könntest du die Texte dieser Seite bearbeitet haben.
Die markierten Stellen zeigen Umarbeitungen an:

1 Wolf Biermanns Gedicht „Ermutigung" aus dem Jahr 1968 mit einer Widmung an Peter Huchel fordert Peter Huchel stellvertretend dazu auf, sich von einer Regierung nicht entmutigen zu lassen und Hoffnung zu bewahren.

2 Das Gedicht hat ein sehr gleichmäßiges Metrum, einen auftaktigen, dreihebigen Jambus. Der Grund dafür wird vor allem darin liegen, dass der Liedermacher diesen Text zur Gitarre singen wollte. Der zweite Reim endet in jeder Strophe auf einer Hebung, die übrigen drei Verse aber jeweils auf einer unbetonten Silbe.

3 Das gleichmäßige Metrum wird in den Zeilen 13, 21 und 24 durch die verkürzte Verbform „wolln" erzwungen, vermutlich, damit sich der Text gut singen lässt. Durch die umgangssprachliche Wortform bekommt das ernste Thema eine menschliche Note. Das gemeinsame „Wolln" zukünftiger Veränderungen macht es erträglicher, in Opposition zu einem politischen System wie der DDR zu stehen, in dem der „freie Wille" seiner Bürger weder vorgesehen noch erwünscht ist. Und in dem man, wie z.B. Wolf Biermann und Peter Huchel, vom Ministerium für Staatssicherheit überwacht und isoliert leben muss.

4 Inhaltlich entwickeln die fünf Strophen das Thema der Ermutigung des Angesprochenen, der unter einer harten Zeit leidet. Die erste Strophe ruft dazu auf, nicht hart zu werden, weil mit zu großer Verhärtung die Gefahr des Zerbrechens einhergeht. In der zweiten Strophe wird der Angesprochene dazu aufgefordert, nicht zu verbittern, da die Herrschenden kein Problem damit hätten, wenn die angesprochene Person leidet. Strophe drei fordert ihn auf, nicht zu erschrecken, gerade das sei es, was die Herrschenden sich wünschen. Die Herrschenden wollen, dass die politischen Gegner schon vor einer Auseinandersetzung aufgeben. Die vierte Strophe ermutigt den Angesprochenen, sich nicht verbrauchen zu lassen oder unterzutauchen, denn er wird von anderen gebraucht. In der letzten Strophe wird dazu aufgerufen, die Hoffnung nicht zu verlieren und anderen Menschen Hoffnung zu machen, dass eine Veränderung möglich ist.

5 Dass der Text uns Leser direkt anspricht („Du" in den Strophen 1 bis 4), zeigt seine appellative Intention. Wegen der Widmung richtet sich der Appell an Peter Huchel, aber auch der Leser selbst kann sich angesprochen fühlen.

6 *Diese Deutung könntest du ergänzt haben:*
Die ersten vier Strophen beginnen mit „Du", die letzte dagegen mit „Wir". Der Sprecher bezieht sich selbst mit ein, nachdem er den Angesprochenen zu mehreren Dingen aufgefordert hat. Dadurch zeigt er, dass der Angesprochene nicht allein ist und alle Unterdrückten zusammenhalten müssen, um sich wehren zu können.

1 *Diese Angaben solltest du angekreuzt haben:*
Angaben zur Person, Angaben zu Schule und Klasse, Angaben zum Schulabschluss, Angaben zu Praktika, Begründung für die Wahl des Ausbildungsbetriebs, Begründung des Berufswunsches, Angabe des Betreffs, Angabe von Ort und Datum, Angabe aller Anlagen

2 Schreiben 1: Empfänger- und Absenderadresse fehlen, kein Betreff, keine Angabe zur Klasse, keine Angaben zur Person, keine Absätze, keine Begründung für die Wahl des Ausbildungsbetriebes, keine guten Formulierungen (Satzanfänge)

Schreiben 2: Empfänger- und Absenderadresse fehlen, unpassender Betreff, keine Absätze, keine guten Formulierungen (Satzanfänge), keine Anlagen

Schreiben 3: Empfänger- und Absenderadresse fehlen, Ort und Datum fehlen, keine Anlagen

3 Die Bewerberinnen der ersten beiden Schreiben nutzen keine abwechslungsreichen Satzanfänge, sondern beginnen jeden Satz mit dem Wort „Ich".

4 Schreiben 1:
Ich habe während eines Praktikums im Kaufhaus Schwarz in Neustadt/Hessen Interesse an diesem Beruf gefunden.
- wird vermutlich nicht zum Bewerbungsgespräch eingeladen, da persönliche und fachliche Stärken nicht dargestellt sind

Schreiben 2:
Ich konnte hier verschiedene Ideen, die ich als Übungsleiterin unseres Turnvereins gelernt habe, sehr gut einbringen. Ich schätze die Zusammenarbeit mit anderen Kollegen, die an solch einer Arbeitsstelle wichtig ist, und bin auch in schwierigen Situationen belastbar. ~~Ich shoppe in meiner Freizeit mit Freundinnen, frisiere sie gerne und interessiere mich für die neueste Mode. Ich besitze Fachkenntnisse in Deutsch, Mathe und Englisch.~~
- wird vermutlich nicht zum Bewerbungsgespräch eingeladen, da unwichtige Interessen und nur grundlegende Fähigkeiten als Stärken angegeben werden

Schreiben 3:
Dabei konnte ich Kenntnisse aus meinem Wahlpflichtkurs „Textverarbeitung und Tabellenkalkulation" und meine Teamfähigkeit einbringen. Ich konnte auch zeigen, dass ich in schwierigen Situationen belastbar bin. Ich besitze durch die mehrjährige Tätigkeit als Kassenwart in unserem Turnverein TV Jahn Neustadt Erfahrungen im Abrechnungswesen, im Schriftverkehr und bei Bestandserhebungen. Für neue Softwareprogramme interessiere ich mich stets.
- wird vermutlich zum Bewerbungsgespräch eingeladen, da persönliche und fachliche Stärken sowie Interesse am Beruf überzeugend dargestellt werden und für den Beruf geeignet sind

5 *So könntest du die Stärken den Berufen zugeordnet haben:*
Einzelhandelskaufmann/-frau: Erfahrung im Verkauf, Teamfähigkeit, Kenntnisse in Mathematik, freundlicher Umgang mit Kunden, gut in Rechtschreibung, kreative Ideen, z.B. für Schaufenstergestaltung, sicheres Schreiben am PC

Bürokaufmann/-frau: Teamfähigkeit, Neigung zur Genauigkeit, Textverarbeitungsprogramme und Tabellenkalkulationen beherrschen, Kenntnisse in Mathematik, gut in Rechtschreibung, sicheres Schreiben am PC

zahnmedizinische Fachangestellte: Teamfähigkeit, Neigung zur Genauigkeit, einfühlsames Wesen, Kenntnisse über Hygiene, Kenntnisse in Mathematik, freundlicher Umgang mit Kunden, sorgfältig und geschickt, sicheres Schreiben am PC

6 a) Bei einer Inventur, die wir gemeinsam bis zum Abend durchgeführt haben, konnte ich zeigen, dass *Belastbarkeit* und *Teamfähigkeit* zu meinen Stärken gehören.

b) In der Kita habe ich mein *Verantwortungsbewusstsein* beim Umgang mit Kindern unter Beweis stellen können.

c) Bei der Erfüllung meiner Aufgaben als Klassensprecherin zeige ich *Engagement*.

d) Ich verfüge über gute *Kenntnisse* in der Textverarbeitung.

e) Meine *Leistungen* in Mathe haben die Vorgesetzten überzeugt.

f) Ein *freundliches Auftreten* im Umgang mit Kunden ist für mich selbstverständlich.

g) Während der Tätigkeit im Verkauf habe ich gelernt, *kundenorientiert* zu arbeiten.

h) Ich kenne die wichtigsten *Bestimmungen* der Hygieneverordnung für den Umgang mit Lebensmitteln.

i) Ich beherrsche die *Umgangsformen* aus dem Bewerbertraining souverän.

j) Im Praktikum habe ich *Erfahrungen* im Umgang mit Werkzeugen gesammelt.

k) Im Mai habe ich die *Qualifikation* zur Streitschlichtung erworben.

l) Beim Dekorieren von Auslagen habe ich *Kreativität* bewiesen.

Z 10 *So könntest du Elenas Bewerbungsschreiben überarbeitet haben. Die überarbeiteten Stellen sind markiert.*

Betreff: Bewerbung auf einen Ausbildungsplatz zur Einzelhandelskauffrau

Sehr geehrte Damen und Herren,

ich möchte mich bei Ihnen um einen Ausbildungsplatz als Einzelhandelskauffrau bewerben. Zurzeit besuche ich die Martin-von-Tours-Schule in Neustadt/Hessen und werde diese im Sommer 2013 mit einem Realschulabschluss verlassen. Während eines Praktikums im Kaufhaus Schwarz in Neustadt/Hessen habe ich Interesse an diesem Beruf gefunden. Bei diesem Praktikum habe ich nicht nur Erfahrungen im Verkauf sammeln können, sondern mir auch einen überzeugenden Umgang mit Kunden angeeignet. In meiner Freizeit male und dekoriere ich gern, da ich sehr kreativ bin. Ich würde mich über die Einladung zu einem Bewerbungsgespräch freuen.

Mit freundlichen Grüßen

Elena Blumenfeld

Anlagen: Lebenslauf, Zeugnis der Klasse 9, Praktikumszeugnis

1 *So solltest du den Lebenslauf ergänzt haben:*

Lebenslauf

Persönliche Daten:
Name:
Adresse: Sergej Meier
                                            Bahnhofstraße 14
                                            60000 Frankfurt
Geburtsdatum: 18. Juli 1996
Geburtsort: Schlüsselburg

Schulbildung:
08/2003–07/2007:   Grundschule Westhafen
seit 2007:   Gesamtschule Sachenshausen
voraussichtlich 2013:   Realschulabschluss
Lieblingsfächer: Englisch, Spanisch, Erdkunde

schulisches Engagement: Mitglied der Schülervertretung

praktische Erfahrungen:
13.02.–24.02.2012:   Praktikum im Reisebüro „Fernweh"

besondere Kenntnisse:
Sprachkenntnisse: Russisch, Englisch, Spanisch
Computerkenntnisse: Betriebssysteme, Büroanwendungen

außerschulische Interessen:
Hobbys: Fußball und Musik

Frankfurt, 24. September 2012   *Sergej Meier*

Mit dem Computer könntest du den Lebenslauf so gestaltet haben:

Lebenslauf

Persönliche Daten:
Name: Sergej Meier
Adresse: Bahnhofstraße 14
                                            60000 Frankfurt
Geburtsdatum: 18. Juli 1996
Geburtsort: Schlüsselburg

Schulbildung:
08/2003–07/2007:   Grundschule Westhafen
seit 2007:   Gesamtschule Sachenshausen
voraussichtlich 2013:   Realschulabschluss
Lieblingsfächer: Englisch, Spanisch, Erdkunde
schulisches Engagement: Mitglied der Schülervertretung

praktische Erfahrungen:
13.02.–24.02.2012:   Praktikum im Reisebüro „Fernweh"

besondere Kenntnisse:
Sprachkenntnisse: Russisch, Englisch, Spanisch
Computerkenntnisse: Betriebssysteme, Büroanwendungen

außerschulische Interessen:
Hobbys: Fußball und Musik

Frankfurt, 24. September 2012   *Sergej Meier*

1 *Diese Anforderungen solltest du angekreuzt haben:*
eine seriöse E-Mail-Adresse, eine aussagekräftige Betreffzeile, eine höfliche Anrede und eine Grußformel, ein kurzes
Anschreiben in der E-Mail, die persönliche E-Mail-Adresse des
zuständigen Ansprechpartners, Die Funktion „Lesebestätigung"
sollte ausgeschaltet sein., Die Bewerbungsunterlagen sollten
als PDF-Datei beigefügt sein.

2 b.

An:	lennart.kraemer@kaufhaus-stegmann.com
Cc:	
Betreff:	Will mich bewerben
Anlage:	Vivien-Reger-Bewerbung.pdf

Sehr geehrter Herr Krämer,

mit dieser E-Mail möchte ich mich in Ihrem Betrieb als
Einzelhandelskauffrau bewerben. Ich bin auf die ausgeschriebene Stelle im Internet unter www.berufsfindung.de
aufmerksam geworden. Da ich schon sehr viel Positives
über Ihr Unternehmen gehört habe, würde ich gerne
eine Ausbildung bei Ihnen beginnen. Meine vollständigen
Bewerbungsunterlagen habe ich dieser Mail als PDF-Datei
beigefügt.
~~Ich bin 1995 in Momberg geboren und in Treysa zur Schule
gegangen.~~ Bitte bestätigen Sie den Erhalt dieser E-Mail.
Meine E-Mail-Adresse lautet: Sternenkriegerin@aol.de

Mit freundlichen Grüßen

Vivien Reger

c.

An:	lennart.kraemer@kaufhaus-stegmann.com
Cc:	
Betreff:	**Bewerbung zur Einzelhandelskauffrau**
Anlage:	Vivien-Reger-Bewerbung.pdf

Sehr geehrter Herr Krämer,

mit dieser E-Mail möchte ich mich in Ihrem Betrieb als
Einzelhandelskauffrau bewerben. Ich bin auf die ausgeschriebene Stelle im Internet unter www.berufsfindung.de
aufmerksam geworden. Da ich schon sehr viel Positives
über Ihr Unternehmen gehört habe, würde ich gerne
eine Ausbildung bei Ihnen beginnen. Meine vollständigen
Bewerbungsunterlagen habe ich dieser Mail als PDF-Datei
beigefügt.
Ich bin 1995 in Momberg geboren und in Treysa zur Schule
gegangen. Ich würde mich freuen, wenn Sie mir unter
dieser E-Mail-Adresse antworten: Vivien.Reger@aol.com.

Mit freundlichen Grüßen

Vivien Reger

3 Vivien sollte sich eine seriöse E-Mail-Adresse zulegen,
bevor sie ihre Bewerbungen per E-Mail verschickt.

1 *Die Überarbeitungen und Ergänzungen des Bewerbungs-
schreibens sind markiert:*

An das	Thomas Meier
Bankhaus Meyer-Höhnstein	Kirchstr. 28
Herrn Baumann	35134 Baumhausen
Hofgasse 25	Telefon: 0543-321 45
35043 Arnstein	

Baumhausen, 03.12.2012

**Bewerbung auf den Ausbildungsplatz
zum Bankkaufmann**

Sehr geehrte Damen und Herren,

mein Name ist Thomas Meier und ich gehe in die 10. Realschulklasse der Martin-Luther-Schule in Baumhausen.
Diese werde ich voraussichtlich mit dem Realschulabschluss im Sommer 2013 abschließen.

Danach würde ich gerne eine Ausbildung zum Bankkaufmann beginnen, weil ich mich für diesen Beruf sehr gut
geeignet sehe. Aus diesem Grund möchte ich mich in Ihrem
Bankhaus bewerben. Ich habe bereits zwei Praktika in verschiedenen Bankhäusern absolviert. Dabei habe ich verschiedene Tätigkeiten des Bankkaufmanns kennen gelernt.
Über die Internetseite www.ausbildung-in-baumhausen.de
habe ich von Ihrem Ausbildungsplatz erfahren. Ich habe
gute Sprachkenntnisse in Englisch und Deutsch und außerdem sehr gute Computerkenntnisse. Im Besonderen mit
den üblichen Betriebssystemen und Programmen kann ich
gut arbeiten. In meiner Freizeit treibe ich viel Sport und
lese gern.

Ich würde mich über eine Einladung zum Bewerbungsgespräch freuen.

Mit freundlichen Grüßen

Thomas Meier

Anlagen:
Lebenslauf, Zeugnis der 9. Klasse, Praktikumszeugnisse

1 *Diese Wörter solltest du angekreuzt haben:*
Bushaltestelle, anschließend, Fernsehen, durchlesen

2 Im Schulunterricht werden nicht nur traditionelle *Materialien* wie Schulbücher oder die gute alte *Wandtafel*, sondern auch neue Medien eingesetzt. Zu diesen neuen Medien gehören zum Beispiel der Computer mit *Internetanschluss* und das *Smartboard*. Allerdings bleiben das Schulbuch und das *Schreibheft* die wichtigsten Hilfsmittel in der Schule.

3 *Diese Wörter sind richtig geschrieben:*
Lastwagen, Bewerbungsschreiben, Zeugnis

Diese Wörter solltest du angekreuzt haben. Die korrigierten Buchstaben sind markiert.
Fortbildung, Ausbildungsvertrag, Diktat

4 a) Der Bundespräsident ernennt in der Bundesrepublik die (vom Bundeskanzler vorgeschlagenen) Bundesminister.
b) Die Vereinten Nationen haben ihren Hauptsitz in New York und drei weitere Sitze in Genf, Nairobi und Wien.
c) Den Preis für ver- oder entliehenes Geld nennt man Zins.
d) Zwischen Europa und Afrika liegt das Mittelmeer.
e) Die Hauptstadt von Baden-Württemberg heißt Stuttgart.
f) Deutschland ist umgeben von Polen, Dänemark, den Niederlanden, Belgien, Luxemburg, Frankreich, der Schweiz, Österreich und der Tschechischen Republik.

1 a) Ein Privatgirokonto ist ein von einem Kreditinstitut für einen privaten Kunden angebotenes Konto, um Zahlungen damit abzuwickeln.
b) „Nicht selbstständig" bedeutet, dass man bei einem Arbeitgeber angestellt ist. „Selbstständig" ist jemand, der bei keinem Arbeitgeber angestellt ist, sondern unabhängig seinen Beruf ausführt.
c) *Wenn du noch nicht volljährig bist, trägst du hier deinen gesetzlichen Vertreter, z. B. deine Eltern, ein.*

3 a) Ich kann das Konto zum Ende des jeweiligen Kalendermonats, also spätestens innerhalb eines Monats, kündigen.
b) Das Bankhaus kann mein Konto normalerweise innerhalb von drei Monaten kündigen.
c) Wenn es einen wichtigen Grund gibt, kann das Bankhaus das Konto fristlos kündigen.
d) „Fristlose Kündigung" bedeutet, etwas oder jemanden ohne Ankündigung zu kündigen.

4 **Kontovollmacht:** rechtliche Verantwortung über ein Konto

geduldete Kontoüberziehung: die Überziehung des Kontos über das Kreditlimit hinaus, für die Zinsen gezahlt werden müssen

Kreditrahmen: Höchstbetrag des Kredits

Kontoguthaben: Geldbetrag, der sich auf dem Konto befindet

5 Geldsumme, die oberhalb des vertraglich vereinbarten Kontolimits liegt – die Überziehung
Termin, an dem die Kosten für das Girokonto fällig werden – der Rechnungsabschluss
bestimmte Geldsumme, die die Bank den Kunden leiht – die Kreditsumme
Zinsen, die berechnet werden, wenn das Konto überzogen wird – der Sollzinssatz

6 b. Die Schufa ist eine Gemeinschaft, die Vertragspartner vor Kreditausfällen schützt. Dazu speichert sie Informationen über Finanzen und Geschäfte von Verbrauchern.

7 Wenn sie unter Abschnitt 10 „nein" ankreuzen, müssen Kunden angeben, wer ihr „wirtschaftlicher Berechtigter" ist, also wer für sie finanzielle Angelegenheiten regelt.

1

Großschreibung durch:			
Artikel	**Präpositionen**	**unbestimmte Zahlwörter**	**Possessivpronomen**
das Umsetzen, ein Flüstern, das Sparen, das Gehen	beim Planen, durch Lesen, beim Laufen, zum Schreien, im Liegen, am Atmen	viel Neues, etwas Schönes, kaum Richtiges, viel Böses, wenig Gutes	ihr Erfinden, unser Üben, dein Weglaufen, ihr Singen, mein Reden

3 die Vereinten Nationen, der Schiefe Turm zu Pisa, der Rote Platz, die Berliner Luft, das Kamener Kreuz, die Französische Revolution, die Holsteinische Schweiz, das Schwarze Meer, die Freie Demokratische Partei, die Ostfriesischen Inseln, der Dortmunder Raum, der Schweizer Käse, das Alte Rathaus, die Grüne Woche

1 Der Richter wird den Angeklagten wegen erwiesener Unschuld **freisprechen.**
Als Lehrperson muss man im Unterricht **frei sprechen** können.
Durch dummes Gerede kann man seinen besten Freund **schlechtmachen.**
Kevin sollte seine Hausaufgaben nicht immer so **schlecht machen.**
Nach dem Unterricht sollte man die Klassentür nicht **offen lassen.**
Die Antwort auf deine Frage muss ich leider noch **offenlassen.**

2 *Diese Wortgruppen könntest du aufgeschrieben haben:*
Bevor wir weiterreden, muss ich die Sache erst **richtigstellen.**
Wenn wir die Stühle **richtig stellen**, passen wir alle an den Tisch.
Du kannst dir das nicht immer wieder **schönreden.**
Als Spanier kann Carlos besonders **schön reden.**
Wenn wir Pech haben, kann unser Experiment auch **schiefgehen.**
Weil er sich einen Nerv eingeklemmt hatte, musste er ganz **schief gehen.**

3 Als Spieler sollte man Anweisungen des Trainers *Folge leisten.*
Die Verletzungsgefahr beim *Fußball spielen* ist nicht sehr groß.
An der Kasse bin ich vom *Schlangestehen* total genervt.
Das *Schlittschuhlaufen* im Winter macht den Schülern großen Spaß.

4 *Die folgenden Sätze könntest du gebildet haben:*
Beim **Skilaufen** habe ich immer ein wenig Angst. Er kann viel besser **Ski laufen.**
Ich habe meinen Nachbarn zum **Kaffeetrinken** eingeladen. **Kaffee trinken** viele Erwachsene gern.
Das **Gitarrespielen** macht mir viel Spaß. Morgen werde ich wieder auf meiner **Gitarre spielen.**
Ich bin nicht zum **Diäthalten** geeignet. Dicke Menschen müssen manchmal einfach **Diät halten.**
Ich bin gestern beim **Fahrradfahren** gestürzt. Heute werde ich trotzdem wieder **Fahrrad fahren.**

1

Fremdwort	Bedeutung	Wortart
das Business	das Geschäft	Nomen
florieren	blühen, gedeihen	Verb
investieren	anlegen	Verb
die Kosmetik	die Kunst des Schmückens (griech.)	Nomen
sich rentieren	Gewinn bringen	Verb
die Produktion	die Herstellung	Nomen
die Illusion	die Täuschung	Nomen
die Optik	die Lehre vom Sichtbaren (griech.), hier: das Aussehen	Nomen
permanent	fortdauernd	Adjektiv
das Marketing	der Vertrieb und die Werbung	Nomen
die Branche	der Industriezweig	Nomen
dominieren	beherrschen	Verb
die Domäne	der Herrschaftsbereich	Nomen
transpirieren	schwitzen	Verb
aktiv	tätig	Adjektiv
das Dribbeln	das Tropfen, die Bewegung mit dem Ball	Substantiv
aktuell	neu, jetzt tätig	Adjektiv
cool	kühl	Adjektiv
der Kick	der Schuss	Nomen
das Styling	die Formgestaltung	Nomen
der Eyeliner	der Augenkonturenstift	Nomen
das Aftershave	das Rasierwasser	Nomen
das Deodorant	der Geruchsentferner	Nomen
das Parfüm	ein Duftmittel	Nomen
der Look	das Aussehen	Nomen
die Devise	der Wahlspruch	Nomen
die Emulsion	ein Gemisch zweier normalerweise nicht mischbarer Flüssigkeiten	Nomen
eklatant	äußerst stark	Adjektiv
divers	unterschiedlich	Adjektiv
das Anti-Aging-Produkt	ein Erzeugnis gegen das Älterwerden	Nomen
riskieren	wagen	Verb
profitieren	einen Vorteil haben, Gewinn machen	Verb
chirurgisch	handwerklich (griech.)	Adjektiv
riskant	waghalsig	Adjektiv
das Motto	der Wahlspruch	Nomen

3 sich günstig entwickeln: florieren
die Körper- und Schönheitspflege: Kosmetik
Wahl-, Leitspruch: das Motto, die Devise
Waren, die das Altern hemmen sollen: Anti-Aging-Produkte
ein Mittel, das unangenehmen Geruch verhindern soll:
das Deodorant

3

Endungen	Beispiele
-ieren	florieren, investieren, sich rentieren, dominieren, transpirieren, riskieren, profitieren, analysieren, experimentieren, servieren, probieren, trainieren
-(t)ion	die Produktion, die Illusion, die Emulsion, die Operation, die Innovation
-ik	die Kosmetik, die Optik, die Klassik, die Ethik, die Physik
-ent	permanent, das Element, eloquent
-ing	das Marketing, das Styling, das Anti-Aging, das Timing, das Meeting
-iv	aktiv, das Archiv, negativ, passiv
-mus	der Realismus, der Expressionismus, der Naturalismus

4 *Diese Sätze könntest du aufgeschrieben haben:*
Unser Physiklehrer hat uns dieses **Phänomen** sehr gut erklärt.
Sie macht grad eine schwere **Phase** durch. Der Auftritt der
Philharmoniker hat mir sehr gefallen. Sigmund Freuds **Philosophie** ist nicht so einfach zu verstehen. Im Chemieunterricht
haben wir heute über **Phosphor** gesprochen. Ich gehe lieber
ins Kino als ins **Theater**. Die **Theke** ist in dieser Bar immer
voll besetzt. Können wir nicht lieber das **Thema** wechseln?
Jonas möchte nach der Schule gern **Theologie** studieren.
In der Fahrschule bin ich in der **Theorie** besser als in der
Praxis. Nach meinem Unfall musste ich eine **Therapie** machen.
Am Wochenende war ich mit meinen Eltern in einem wunderschönen **Thermalbad**. Die **Thermik** funktioniert für die Erdatmosphäre wie eine Klimaanlage. Ich finde, du hast damit
eine ganz schön gewagte **These** aufgestellt.

5 Rechner: Computer
Netzauftritt: Website
Startseite: Homepage
Netzadresse: IP-Adresse, Domain
herunterladen: downloaden

6 Das Web der Zukunft ist eine Wolke
Im *Internet* wird die nächste *Revolution* der Computerbranche
eingeläutet: *Cloud Computing* heißt die Zukunft. Der Grundgedanke beim Cloud Computing ist, dass alle Anwendungen
im *Web* laufen – von einfacher *Software* bis hin zu kompletten
Betriebssystemen. Der *User* muss sich keine teure *Hardware*
anschaffen, sich nicht regelmäßig Gedanken um die *Aktualisierung* des *Systems* machen und auch keine Software mehr
kaufen. So angesagt Cloud Computing auch ist, problematisch
dürfte bei dieser *Technik* der Schutz persönlicher Daten werden.

1 Für das Sportfest brauche ich Trainingsanzug, Leibchen,
Turnhose und Schuhe.
In der Jugendherberge gab es um 07:00 Uhr Frühstück, um
12:30 Uhr Mittagessen und um 18:00 Uhr Abendessen.
An meinem Geburtstag besuchen wir den Kletterpark, machen
Pause im Eiscafé, gehen danach ins Kino oder schauen uns
zu Hause einen spannenden Film an.
Ich esse gern Salate mit Radieschen, mit Käse überbackene
Ofengerichte, Bratwürste in allen Variationen und Eis mit
Früchten und Schokoladensoße.
In der Werkstatt werden an unserem Wohnmobil neben den
Bremsen, dem Ölstand und den Reifen auch der Kühlschrank,
der Gasherd und die Standheizung überprüft.
Er kam müde nach Hause, zog seine Arbeitskleidung aus,
wusch sich, legte sich auf das Sofa und las die Tageszeitung.
Der Herbst begann mit Sturm, Regen, Blitz und Donner.

2 Als das Unwetter vorbei war, machten die Leute ihre Regenschirme zu.
Du wirst die Prüfung vielleicht schaffen, obwohl du nicht viel gelernt hast.
Marie holte sich eine Flasche Mineralwasser, weil sie Durst hatte.
Jan ging, nachdem er seine Hausaufgaben erledigt hatte, zum Fußballtraining.
Wenn das Fußballspiel beendet ist, feiern wir unseren Sieg mit einer Party.
Unser Trainer, der früher selbst Torwart war, macht den weiten Abschlag vor.
Man sollte niemals, außer um einzuparken, auf der Straße rückwärtsfahren.

3 *Diese Sätze hast du möglicherweise aufgeschrieben:*
(Obwohl) es regnet, fahren wir heute mit den Fahrrädern zu Freunden.
Wir fahren heute, (obwohl) es regnet, mit den Fahrrädern zu Freunden.
Wir fahren heute mit den Fahrrädern zu Freunden, (obwohl) es regnet.
(Um) nicht zu spät zu kommen, bin ich heute mit dem Fahrrad zur Schule gefahren.
Ich bin heute mit dem Fahrrad zur Schule gefahren, (um) nicht zu spät zu kommen.
Ich bin heute, (um) nicht zu spät zu kommen, mit dem Fahrrad zur Schule gefahren.

Seite 85

4 a. Hilfe, ich kann nicht mehr!
Ich esse gern Gegrilltes, besonders Würstchen mit Senf.
Manfred Mustermann, der Sänger, begann pünktlich seine Vorstellung.
Frau Freitag, unsere Nachbarin, mäht im Sommer an jedem Samstag ihren Rasen.
Autsch, der Kaffee war noch sehr heiß!
Ivana mag gern spannende Bücher, besonders Krimis.
Ach, hätte ich doch nur mehr für die Mathearbeit gelernt!
Herr Meier, unser Klassenlehrer, möchte mit uns eine Klassenfahrt machen.

5 **Der hohe Preis der Energiewende**
Die Hohe Leite zählt zu den markantesten Erhebungen der Fränkischen Schweiz. Von hier oben schweift der Blick weit übers Land. Über ein Mosaik aus Wiesen, Feldern, Wäldern, Dörfern, Bächen und bizarren Kalkfelsen. Alles sieht malerisch aus, obwohl sich in der Ferne ein paar Windräder drehen. Wenn die Windkraft die Stromlücke füllen soll, könnte es bald um viele landschaftliche Schönheiten in Deutschland geschehen sein. Die sanften Höhenzüge der Mittelgebirge scheinen gut geeignet, um profitable Windräder aufzustellen. Man weiß, dass hier der Wind stark und gleichmäßig weht. Auf der Egge, einem Höhenzug in Ostwestfalen, ragen bereits heute viele Windräder in den Himmel. Sie verwandeln die in Jahrhunderten gewachsene Kulturlandschaft in eine verspargelte und verdrahtete Energielandschaft. Dem Landschaftsschutz, der oft als Argument gegen den Bau von Autobahnen oder Gewerbegebieten genutzt wird, scheint bei der Windenergie offensichtlich weniger Bedeutung beigemessen zu werden. Und so unglaublich es klingt: Die grüne Revolution wird ihren Teil zum Landschaftsverlust beitragen. Das ist die Folge des längst überfälligen Verzichts auf den Atomstrom, aber die Konsequenzen sind noch nicht allen klar. Sicher ist nur eins: Der Preis für das Festhalten am konsumistischen Wohlstandsmodell und an unseren Bequemlichkeits-, Kommunikations- und Mobilitätsbedürfnissen wird auch mit grüner Energie hoch sein.

Seite 86

1

Wortart	Beispiele		Abkürzung
Nomen	die Schule, das Fach, die Freiheit		
Verb	kommen, sehen, sein, sagen, können		
Pronomen	Personalpronomen: wir, ich, er, ihr		Pron.
	Possessivpronomen: sein, unser, euer, ihr		
	Demonstrativpronomen: dieser, jenes		
	Interrogativpronomen: wer, welche, warum		
	Relativpronomen: den, das, die		
Adjektiv	klein, lustig		Adj.
Präposition	auf, unter, in, über		Präp.
Konjunktion	nebenordnend: und, oder		Konj.
	unterordnend: weil, dass, aber		
Adverb	heute, dort, nachdem, gestern		Adv.
Artikel	bestimmt: der, das, die		Art.
	unbestimmt: ein, eine		

2 *Adj.   Nomen   Präp. Nomen Art.   Nomen*
Kleine Stadtgeschichten aus Berlin: Der Schwächeanfall

Pron. Verb Nomen   Präp. Nomen Präp. Nomen
Es ist Sprechstunde beim Hausarzt in Schöneberg.

Art. Adj.   Nomen Verb Präp. Nomen Pron. Nomen
Ein 16-jähriger Patient betritt in Begleitung seiner Mutter

Art. Nomen   Konj. Verb Pron. Präp. Art. Nomen Pron. Pron.
das Sprechzimmer und fläzt sich in den Stuhl. Warum er

Verb   Verb Art. Nomen Verb Art. Adj.   Nomen
komme, möchte der Doktor wissen. Die entwaffnende Antwort

Art.   Nomen   Verb Adj.   Nomen
des Halbwüchsigen lautet: „Allgemeine Bocklosigkeit."

Seite 87

1 a. Mein Freund besucht mich morgen Abend.
Besucht mich mein Freund morgen Abend?
Mich besucht morgen Abend mein Freund.

b. Die Umstellprobe hilft dabei, die einzelnen Satzglieder zu bestimmen.

2

Satzglied	Fragen	Abkürzung
Prädikat	Was tut …?	Präd.
Subjekt	Wer oder was?	Subj.
Akkusativobjekt	Wen oder was?	Akk.-Obj.
Dativobjekt	Wem?	Dat.-Obj.
Präpositional-objekt	Worauf?, Womit?, Wonach?	Präp.-Obj.
Attribut	Welche?, Welcher?	Attr.
Adverbiale Bestimmungen …		AdvB
…des Ortes	Wo?, Woher?, Wohin?	AdvB/O
…der Zeit	Wann?, Wie lange?, Seit wann?	Advb/Z
…der Art und Weise	Wie?	AdvB/AW
…des Grundes	Warum?, Weshalb?	AdvB/G

zu Seite 87

3 Kleine Stadtgeschichten aus Berlin: Knecht Ruprecht

AdvB/Z Präd. *Attr.* Subj. *Attr.*
Am Mittwochmorgen | will | eine größere Gruppe süddeutscher

AdvB/O AdvB/O Präd.
Jugendlicher | am Bahnhof | in die S-Bahn | einsteigen.

Subj. Präd. AdvB/G Präd. Subj.
Sie | möchten zusammenbleiben. | Deshalb | steuern | alle

Attr. Akk.-Obj. Präd. AdvB/AW Präd.
dieselbe Tür | an. | Über Lautsprecher | ertönt

Subj. Subj. Präd. AdvB/O Präd.*
der Rat des Fahrers: „Das | ist | hier | doch kein Adventskalender.

Subj. Präd. Akk.-Obj. Präd.
Man | kann ruhig | alle Türen | aufmachen."

Das Prädikat besteht in diesem Satz aus dem Hilfsverb und dem Substantiv.

Seite 88

1 **Präsens:** Piotr kauft ein. Milena geht nach Hause.
Perfekt: Piotr hat eingekauft. Milena ist nach Hause gegangen.
Präteritum: Piotr kaufte ein. Milena ging nach Hause.
Plusquamperfekt: Piotr hatte eingekauft. Milena war nach Hause gegangen.
Futur I: Piotr wird einkaufen. Milena wird nach Hause gehen.
Futur II: Piotr wird eingekauft haben. Milena wird nach Hause gegangen sein.

2 **Wer *erfand* die Pizza Margherita?**
Die „Margherita" *gehört* zu den beliebtesten Pizzen. Aber wie *ist* sie zu ihrem Namen *gekommen*?
Der König von Italien *wollte* eines Tages Pizza probieren. Am 11. Juni 1889 *ließen* er und seine Frau sich von dem Pizzabäcker Raffaele Esposito verschiedene Pizzen in ihren Palast schicken. Eine Sorte *war* mit Basilikum, Mozzarella und Tomate belegt: Grün, Weiß, Rot – wie die italienische Flagge. Diese Pizza *schmeckte* der Königin am besten. Also *taufte* der clevere Esposito die Pizza auf den Namen der Königin: Margherita! Die Grundidee der Pizza *ist* natürlich schon viel älter. Schon die Etrusker, die vor etwa 2 500 Jahren in Norditalien *lebten*, *backten/buken* Teigfladen, um sie danach zu belegen. Auf diese Weise *hatten* sie die ersten essbaren Teller *erfunden*. Die Griechen *belegten* später ihre Teigfladen nicht erst nach, sondern schon vor dem Backen. Damit *hatten* sie die Ur-Pizza *entwickelt*. Pizza *blieb* lange Zeit ein Armeleuteessen, denn die Zutaten *waren* billig und der Teig schnell hergestellt. 1830 *eröffnete* die erste Pizzeria der Welt in Neapel und bald *folgten* weitere. Die „Margherita" *wird* es wohl immer *geben*.

Seite 89

1 **Kitzeln ist nicht nur lustig – Teil 1**
Frau Biesgen erklärte gestern, warum wir kitzelig sind. Sie sagte, es *sei* wichtig für unser Überleben. Eine Berührung *könne* auch immer eine Gefahr sein. Zum Beispiel *löse* ein Insekt auf unserer Haut sofort Alarm aus. Möglicherweise *steche* es ja. Die Hand *werde* in Bewegung gesetzt und *verscheuche* die Mücke. Ähnlich *sei* es beim Kitzeln, erklärte Frau Biesgen. Man *wolle* etwas abwehren, doch plötzlich *merke* man, dass es gar nicht gefährlich *sei*. Wenn man das *begreife*, *entlade* sich die Spannung im Körper durch ein Kichern. Dann fügte sie noch hinzu, dass wir uns nicht selbst kitzeln *könnten*, weil unsere Gehirne genau *wüssten*, dass keine echten Gefahren *lauerten*. Denn unsere Gehirne *würden* ja selbst den Kitzelbefehl *geben*.

2 Der **Konjunktiv II** wird in der indirekten Rede als Ersatzform verwendet, wenn sich die normale Verbform nicht vom Konjunktiv I unterscheidet.

3 Die Ersatzform mit **würde** wird in der indirekten Rede verwendet, wenn der Konjunktiv ungewohnt klingt.

4 **Kitzeln ist nicht nur lustig – Teil 2**
Frau Biesgen führte weiter aus, dass das Kitzeln oft als Spaß angesehen *werde*, weil die erste Reaktion oft ein Lachen *sei*. Doch Forscher *würden* darauf *bestehen*, dass der Gesichtsausdruck der Gekitzelten dem von Gequälten *ähnelte*. Wer gekitzelt *werde*, *empfinde* also auch Leid. Sie erklärte, dass man das Kitzeln heute immerhin nicht mehr als Foltermethode *einsetzen würde* wie noch bei den Römern.

Seite 90

1 **Die Kork-Yogis sind über uns**
Die Street-Yogis sind unter uns. (Wer) aber mit hängendem Kopf durchs Leben geht, wird sie nicht sehen, (obwohl) vielleicht gerade ihm ihre Gesellschaft guttäte. Denn genau genommen sind die Street-Yogis über uns: Sie turnen auf Berliner Straßenschildern herum, (sofern) die Launen der Natur oder eines Mitmenschen sie nicht herunterholen.
Rund 350 der Figuren hat ihr Schöpfer, (der) Yogalehrer Josef Foos, gebastelt, (seit) ihn 2009 eine Geschichte im „Tagesspiegel" über den Londoner Künstler Slinkachu auf die Idee brachte. Die ältesten hätten, (wie) Foos berichtet, schon zwei Winter überlebt. Und das haben sie geschafft, (obwohl) sie in den Straßen von Neukölln turnen. Zum Erfolgsrezept der kleinen Kerlchen gehört, (dass) sie genauso nett gemeint sind, wie sie aussehen: „(Wenn) sich Ihnen ein Street-Yogi zeigt, möchte er Ihnen Freude und Glück bringen", schreibt Foos auf seiner Homepage www.street-yoga.de. Die Yogis sind „Street Art" und dabei in ihrer charmanten Bescheidenheit quasi das Gegenteil von Graffiti.

2 Die Herstellung ist nicht ganz einfach, **weil** Foos seinen Schützlingen für die Yogaübungen Knie- und Ellenbogengelenke basteln muss.
An solchen Figuren, **die** die sorgsame Verleimung und Stabilisierung durch Tape erfordern, sitzt Foos länger als die sonst übliche Stunde.
Aber „man muss ja mit irgendwas seine Zeit totschlagen", sagt der 55-Jährige, **der** nach eigenem Bekunden ohne Fernseher und gänzlich alkoholfrei lebt.
Abends bietet er Yogakurse und Akupressurbehandlungen an, **bevor** er seine Yogis bastelt und sie in der Stadt aufstellt.

Seite 91

3 **Der Aufstieg der Kork-Yogis**
Tagsüber in der Masse sei man unauffälliger als nachts, *wenn* man allein durch die Straßen ziehe, sagt er. Früher habe er Sekundenkleber verwendet, aber *damit* der wirklich hielt, musste Foos immer zweimal hochsteigen. Jetzt reicht eine Klettertour, *damit* die Figur perfekt sitzt. *Um* die Lebenserwartung der Yogis zu erhöhen, klebt er sie auf möglichst hohe Straßenschilder. Als Basisstation dient ihm sein Fahrrad; seine weitere Klettertechnik verrät er nicht. Sie scheint kraftraubend zu sein, *weil* Foos sagt, *dass* er früher acht Yogis pro Tag kleben konnte, *während* er jetzt nur noch vier schaffe. Am Anfang habe er die Figuren vor allem in seinem Kiez und in der Nähe anderer Yogastudios platziert, außerdem in Schöneberg, *wo* er oft unterwegs sei. Allmählich erobern die Korkmännchen weitere Stadtteile und erfreuen all jene, *die* erhobenen Hauptes durchs Leben gehen.

Indirekte Rede – Konjunktiv I, II und Ersatzform

Bei nichtwörtlicher Rede (indirekter Rede) wird der **Konjunktiv I** verwendet. Dadurch wird deutlich, dass die Aussage nicht wahr sein muss, z. B.: Sie meint, sie **sei** die Beste im Schwimmverein.

Den **Konjunktiv II** verwendest du in der indirekten Rede nur dann, wenn sich der Konjunktiv I nicht vom Indikativ (Wirklichkeitsform) unterscheidet, z. B.:
Wörtliche Rede: „Wir **kommen** jetzt."
Indirekte Rede: Er sagt, sie ~~kommen~~ **kämen** jetzt.

Wenn der Konjunktiv II in der indirekten Rede ungewohnt klingt, verwendest du die **Ersatzform mit würde**, z. B.:
Konjunktiv II: Er sagt, er **stünde** gern während des Fußballspiels.
Ersatzform mit würde: Er sagt, er **würde** gern während des Fußballspiels **stehen**.

Übungen S. 33, 44, 59, 89

Satzglieder und Attribute

Das Subjekt kann eine Person oder eine Sache sein. Mit **Wer?** oder **Was?** fragst du nach dem Subjekt: Sabine hat Geburtstag. – Wer hat Geburtstag? – Sabine.

Das Prädikat sagt etwas darüber aus, was jemand tut oder was geschieht.
Mit **Was tut …?** fragst du nach dem Prädikat, z. B.:
Eric schenkt ihr ein Buch. Eric hat ihr ein Buch geschenkt.

Objekte
Mit **Wen?** oder **Was?** fragst du nach dem **Akkusativobjekt**.
Sabine bringt den Gast zur Tür. – Wen bringt Sabine zur Tür? – Den Gast.
Mit **Wem?** fragt man nach dem **Dativobjekt**.
Sarah gratuliert dem Geburtstagskind. – Wem gratuliert Sarah? – Dem Geburtstagskind.

Adverbiale Bestimmungen
Nach der **adverbialen Bestimmung der Zeit** fragst du mit **Wann?**
Der Spion kam um zehn Uhr. Wann kam der Spion? – Um zehn Uhr.
Nach der **adverbialen Bestimmung des Ortes** fragst du mit **Wo?**, **Woher?**, **Wohin?**
Er traf den Mann am Bahnhof. Wo traf er den Mann? – Am Bahnhof.
Nach der **adverbialen Bestimmung der Art und Weise** fragst du mit **Wie?**
Die Geldübergabe verlief hektisch. – Wie verlief die Geldübergabe? – Hektisch.
Nach der **adverbialen Bestimmung des Grundes** fragst du mit **Warum?**
Wegen der Eile übersah er ihn. – Warum übersah er ihn? – Wegen der Eile.

Genitivattribute stehen **hinter** einem Nomen und geben **zusätzliche Informationen** zu dem Nomen. Sie antworten auf die Frage: **Wessen?**
Das Handy meines Bruders ist kaputt. – Wessen Handy ist kaputt? – Das Handy meines Bruders.

Adjektivische Attribute stehen **vor** dem Nomen. Sie antworten auf die Fragen: **Welche?/ Welcher?**
Heute kommt meine beste Freundin. Welche Freundin? – Meine beste Freundin.

Satzglieder können auch in Form von **Nebensätzen** vorkommen.
Subjekte formst du in **Subjektsätze** um, z. B.:
Seine ständige Nörgelei nervt mich. Mich nervt, dass er ständig nörgelt.
Objekte formst du in **Objektsätze** um, z. B.: Er freut sich auf ihre Reise in den Ferien.
Er freut sich darauf, dass sie in den Ferien reisen.
Adverbiale Bestimmungen formst du in **Adverbialsätze** (Nebensätze) um, z. B.:
Vor dem Öffnen des Geräts muss es entleert sein. Bevor das Gerät geöffnet wird, muss es entleert sein.

Übungen S. 33, 59, 87

Mehr **Wissenswertes auf einen Blick** findest du vorne im Heft und in den Klappen. Öffne die Klappen, um zum Beispiel mit dem **Textknacker** zu arbeiten.

Textquellen

S. 4–5: Seidler, Christoph: Russen bohren Riesensee unter dem ewigen Eis an. Unter: http://www.spiegel.de/wissenschaft/
natur/antarktis-russen-bohren-riesensee-unter-dem-ewigen-eis-an-a-813862.html (Downloaddatum 27.06.2012), gekürzt;
S. 6: Wostoksee in der Arktis verheißt einmalige Entdeckungen. Onlinebeitrag von „Stimme Russlands". Unter: http://german.ruvr.
ru/2012_02_22/66650803/ (Downloaddatum 27.06.2012), gekürzt und geändert; S. 9: Unter: http://german.ruvr.ru/about.html (Downloaddatum 27.06.2012); S. 16: Otto F. Walter: Cornflakes. In: 111 einseitige Geschichten. Hrsg. v. Franz Hohler, Luchterhand 1981, S. 41; S. 24–25: Nie-
sing, Birgit: Zwerge mit Riesenpotenzial und Zahlen der Grafik, S. 25. In: Fraunhofer-Magazin, H. 4 2006, S. 8–12, gekürzt; S. 26: Alles Nano? ebd.
S. 11; Umweltbundesamt warnt vor Nanotechnologie. Unter:
http://www.spiegel.de/wissenschaft/mensch/gesundheitsrisiko-umweltbundesamt-warnt-vor-nanotechnologie-a-656362.html (Downloaddatum
27.06.2012); S. 38–39: Autorentexte; S. 50–52: Stamm, Peter: Die ganze Nacht. In: In fremden Gärten,
Arche Verlag AG, Zürich, Hamburg 2003, S.48–54; S. 64: Biermann, Wolf: Ermutigung. In: Mit Marx- und Engelszungen,
Verlag Klaus Wagenbach Berlin, Berlin 1968, S.59; S.85: Der hohe Preis der Energiewende. Unter: http://www.zeit.de/politik/deutsch-
land/2011-04/energiewende-landschaft-deutschland (Downloaddatum 27.06.2012), gekürzt; S.90 und 91: Jacobs, Stefan: Die Kork-Yogis sind
über uns. In: Tagesspiegel vom 27.11.2011

Soweit in diesem Lehrwerk Personen fotografisch abgebildet sind und ihnen von der Redaktion fiktive Namen, Berufe, Dialoge und Ähnliches
zugeordnet oder diese Personen in bestimmte Kontexte gesetzt werden, dienen diese Zuordnungen und Darstellungen ausschließlich
der Veranschaulichung und dem besseren Verständnis des Inhalts.

Bildquellen

S. 4: REUTERS/Reuters TV; S. 5: Schatztruhe der Evolution. Aus: SPIEGEL 6/2011; S. 6: Photopool/WhiteNightPress;
S. 24 Mitte: fotolia.com - © Gina Sanders, unten: © Andreas Landefeld. Institut für Werkstoffe (Forschungseinrichtung),
TU Braunschweig (Hochschule); S. 25 (Hintergrundbild): © Nicolas Souza/cc-NanoBioNet e. V., rechts oben außen und dann
im Uhrzeigersinn: Fotolia.com - © Max Tactic, Fotolia.com - © Pixi, Fotolia.com - © loraks, Istockphoto.de - © Henrik Johnsson; Fotolia.com - © M.
Siegmund; Fotolia.com - © LianeM, Fotolia.com - © Spectral-Design; Fotolia.com - © Thaut Images; Fotolia.com - © Elnur; Istockphoto.de - © We-
kWek; Fotolia.com - © Kaarsten; Fotolia.com - © Protosom; S. 26: picture-alliance/Courtesy Everett Collection, unten: Fotolia.com - © Ingus Ever-
tovskis; S. 38 oben: picture-alliance/Matthias Hiekel; S. 38 unten: ULLSTEIN BILD/Gabriele Fromm; S. 39 oben: Caro/Oberhäuser, unten: picture-
alliance/dpa-Zentralbild; S. 50 unten: Volkhard Binder, Berlin; S. 51: Volkhard Binder, Berlin; S. 64: picture-alliance/Waltraud Grubitzsch; S. 71:
picture-alliance/Cultura; S. 72: Fotolia.com - © Kzenon; S. 73: Fotolia.com - Picture-factory; S. 74: Fotolia.com - © Robert Kneschke; S. 76: Fotolia.
com - © rabbit75_fot; S. 80: picture-alliance/Ingo Wagner; S. 83: Fotolia.com - © Benicce; S. 85: Fotolia.com - © digi_dresden; S. 88 oben:
Fotolia.com - © c, unten: picture alliance/dpa/dpaweb/Lars Halbauer; S. 90–91: Street-Yoga, Berlin/Josef Foos

Illustrationen

Sylvia Graupner, Annaberg: S. 37, 49, 50, 52, 63, 89
Carsten Märtin, Oldenburg: S. 17, 19, 84
Ulrike Selders, Köln: S. 14

Projektleitung: Gabriele Biela
Redaktion: Florian Hampel – didaktylos, Berlin; Grit Ellen Sellin
Bildrecherche: Petra Ebert

Umschlaggestaltung: tritopp, Berlin

Layoutkonzept: nach Entwürfen von Farnschläder & Mahlstedt, Hamburg

Layout und technische Umsetzung: Dorothée Billard und Friedemann Bochow, Berlin

www.cornelsen.de

Dieses Werk berücksichtigt die Regeln der reformierten Rechtschreibung und Zeichensetzung.

Bei den mit R gekennzeichneten Texten haben die Rechteinhaber einer Anpassung widersprochen.

1. Auflage, 7. Druck 2022

Alle Drucke dieser Auflage sind inhaltlich unverändert und können im Unterricht nebeneinander verwendet werden.

Druck: Athesiadruck GmbH

ISBN 978-3-464-61189-0